이 책은 세월호 사건 이후 신학이 어떻게 가능한지, 우리가 하나님에 대해서 어떻게 생각하고 말할 수 있는지를 묻고 있다. 이 점에서 본문은 "아우슈비츠 이후의 하나님" 문제를 제기한 한스 요나스의 작업에 견줄 만하다. 저자는 이 땅에서, 이 시대에, 성경을 두 손에 펼쳐 들고, 우리가 직면한 현실을 온몸으로 부둥켜안으면서, 하나님(*theos*)에 관한 이야기(*logia*)를 어떻게 펼쳐갈지 고민한다. 지적이고 이론적인 논의가 진행되지만 목회적 관심이 깊이 배여 있는 것도 이 책이 지닌 미덕이다. 이 책은 연약한 자들과 함께 연약한 분이 되시고 고통받는 자들과 함께 고통받으시는 하나님을 생각하고 배울 수 있는 기회를 제공해줄 것이다. 진심으로 추천한다.

강영안 서강대학교 명예교수, 한국기독교철학회 회장

무릇 신학은 경탄과 경악에서 비롯된다. 와우, 하나님은 진실로 선하고 위대하구나! 와, 저 하늘과 별, 온 우주 삼라만상은 어쩜 이리 아름다울까! 하나님 자신과 그분이 만든 세계의 비밀과 신비를 알면 알수록 그분을 찬양하지 않을 수 없다. 때문에 신학은 송영인 것이다.

허나, 신학은 미쳐버릴 것 같은 어떤 현실에 대한 질문이다. 아니, 하나님! 당신은 선하고 위대하시다면서 왜 이 세상에는 악이 창궐할까요? 하나님은 전능하시다면서 왜 악인은 흥하고 착한 사람은 망한단 말입니까? 그러고도 하나님이랍니까? 때문에 신학은 절규인 것이다.

진정한 신학은 어느 하나를 소홀히 여기지 않고 둘 다를 품는다. 일차적으로는 고난의 현실에 굳건히 서며, 그것에서 출발하지 않으면 안 된다. 최종 종착지는 기도와 찬양이겠지만 말이다. 따라서 진정한 신학은 터무니없는 현실에서 하나님을 말하고, 노래할 수 없는 현실을 넘어 하나님을 노래한다.

박영식 교수는 그 쉽지 않은 신학적 작업을 훌륭하게 수행했다. 전문성과 대중성을 아우르는 데도 성공했다. 시간적으로는 과거의 십자가 고통과 어머니의 죽음, 세월호 참사라는 현재, 종말론적 심판과 회복에 대한 미래적 소망이 통합되어 있다. 또한

고난에 관한 통상적 오해들을 하나하나 짚어가며 고난받는 자를 위로하고, 하나님을 이야기한다. 나는 이 책을 읽는 모든 독자들이 박영식 교수와 함께 세월호 참사의 아픔을 가슴 깊이 새기고, 하나님을 기억하며 노래할 것이라 확신한다.

김기현 로고스교회 담임목사, 로고스서원 대표

저자가 2012년에 쓴 『고난과 하나님의 전능』은 학술적인 서적으로 신학을 전문적으로 공부하는 사람들을 위한 글이었다. 그 책을 읽은 이후 목회자들과 평신도들을 위한 같은 주제의 좀 더 쉬운 책이 나왔으면 하고 바랐다. 그리고 이 책을 읽으면서 내가 저자에게 그때 기대했던 신학적 명쾌함과 목회적 따스함을 동시에 느낄 수 있었다. 목회적 차원에서 보면, 신앙인이라고 해서 세상의 고통과 무관하게 살아갈 수는 없다. 사람은 누구나 고통이라는 현실 속에서 치열하게 살아가고 있다. 그리고 때로는 억울해하며 때로는 원통해하면서도 신앙인이기에 우리는 하나님의 뜻 안에서 고통의 원인과 의미를 찾고자 한다. 저자는 오늘날 우리 현실의 고통을 진지하게 고민하면서, 신앙인들과 한국교회가 고통의 문제에 주목해야 할 중요한 신학적 가치들과 목회적 가치들을 명쾌하고도 담대하게 제안하고 있다.

고통과 씨름하며 하나님의 뜻을 찾는 신앙인들에게 이 책은 하나님의 따뜻한 위로와 격려, 소망과 새 힘을 공급해줄 것이다. 또한 고통 중에 있는 성도들에게 어떻게 설교하고, 어떻게 위로할 것인가를 고민하는 모든 목회자들에게 이 책은 설교를 돕는 성령님의 깊은 통찰력을 제공할 것이며, 명쾌한 강의안을 얻은 듯한 든든함도 안겨줄 것이다. 고통으로 고민하는 모든 사람들에게 기쁜 마음으로 일독을 권한다.

김만준 덕수교회 담임목사

저자에게 신학은 "우리 시대가 제기하는 질문에 대한 최종적인 답변이 아니라 오히려 이 시대의 질문과 함께 그리고 어쩌면 시대에 앞서 하나님께 질문을 제기하는 모험의

여정"이다(『고난과 하나님의 전능』머리말에서). 나는 저자의 이러한 신학여정을 제대로 된 '신학함'(theologieren)으로 이해한다. '신학함'이란 '성서언어 혹은 신학'이라는 언어(지식)체계를 넘어 지금 이 자리, 바로 나 자신에 의해 지속되는 신학적 수행을 말한다. 그는 이미 지난 저서에서 "아직 드러나지 않은 고난의 의미"를 "(과거와 현재의 인과적 연관에 갇혀 있지 않은) 하나님의 미래로부터 다가오는 예측할 수 없는 가능성"으로 해명한 바 있다. 또한 "신정론에 대한 신앙적 답변은 고통당하는 인간을 향한, 인간을 위한 실천적 행위"라고 패러다임을 변경할 것을 예고했다. 신정론과 관련한 저자의 두 번째 저술인 이 책은 바로 그 예고에 대한 대답이다.

이 책은 저자 개인의 아픔은 물론이고 세월호 참사와 같은 우리 시대의 구체적 사건을 단초로 해 고통에 대한 질문과 해석을 날줄과 씨줄처럼 엮어 성서적 답변을 제공한다. 다양한 예화와 간결한 글쓰기는 가독성을 높여준다. 신정론에 대한 신실한 구도자들에게 진심으로 일독을 권한다.   김종두 <small>대구수성성결교회 담임목사</small>

이 책은 참으로 감동적이다. 책을 읽는 내내 잠들어 있던 온몸의 세포들이 깨어나는 놀라운 경험을 했다. 박영식 박사는 이미 『고난과 하나님의 전능』에서 고통과 신정론의 문제를 신학적으로 심도 있게 다루었다. 그 책이 학문적인 성찰이라면, 이 책은 인간의 삶을, 특히 뼛속까지 사무치고 살이 떨리며 속이 타들어가는 고통의 삶을 정직하게 성찰하면서 고통과 함께하는 저자 자신의 삶의 용기와 사랑이 녹아 있는 지혜의 길을 제안한다. 대한민국은 2014년 4월 16일 세월호 참사의 비극과 고통을 바라만 보고 있을 수밖에 없는 경험을 했다. 그리고 그 참사의 비극과 고통은 아직 끝나지 않았다. 서양에서 아우슈비츠의 비극이 아우슈비츠 이후 신학의 가능성을 고민하게 했다면, 우리는 세월호 참사 이후에 과연 신학은 가능한가를 고민해야 한다. 이 책은 그 고뇌의 성찰을 한 땀 한 땀 뜨개질하듯 기록한 책이다.

오늘날 우리 사회는 사회적 고통에 대하여 연민과 동정은 할지언정, 그 고통을 공감하고 더 나아가 고통의 원인에 대하여 분노하고 증오하며 고통받는 자들과 연대하여 고통을 일으킨 악에 대한 저항으로까지는 이어지지 못한다. 더욱이 타자의 고통에 대하여 섣부르게 "하나님의 뜻이 있다"는 말을 함으로써 고통당하는 자를 더욱 비참하게 만들고 심지어 하나님을 폭군으로 만들어버리는 서툴고 거친 발언도 많이 한다. 박영식 박사는 이 책에서 사회적 고통의 엄청난 현실에 직면하여 신학과 교회가 단순한 처방과 해답을 주기 전에 무엇을 생각하고 말하고 행동해야 하는지에 대한 새로운 방향을 제안한다. 바로 이 지점에서 삶의 지난한 고통의 경험 속에서도 신학하기가 고통받는 사람을 조금이라도 위로하고 더 나아가 사로잡는 환희를 줄 수 있는 작은 새 싹이 움틀 것으로 믿는다.

심광섭 감리교신학대학교 조직신학·예술신학 교수

4월은 잔인한 달이다. 가장 잔인한 달, 그 4월에 대한민국은 '세월호 참사'라는 참혹한 슬픔을 겪었다. 우리 모두의 가슴을 찢어지게 만든 것은 사망자의 대부분이 아직 채 피어나지 못한 청소년이었다는 사실이다. 이 사건을 보며 신학과 교회는 어떻게 질문하며 무슨 대답을 해야 하는가? 인간의 힘으로 어찌할 수 없는 이러한 참사를 볼 때마다 우리는 무죄한 자의 고통과 기독교 고난의 의미에 대한 생각하게 된다. 고통을 통해 우리는 고난받는 하나님의 얼굴을 보아야 하며 예수 그리스도의 고난에 동참하는 교훈을 발견할 수 있다. "고난받는 하나님만이 우리를 도울 수 있다"라고 한 디트리히 본회퍼의 말을 깊이 생각해보라.

이 책은 세월호 참사를 위시해 고난의 문제를 신학적으로 깊이 있게 다루었다. 박영식 교수는 여러 해 동안 고난에 대한 문제를 연구하고, 이미 『고난과 하나님의 전능』이라는 저서를 낸 바 있는 이 분야의 전문가다. 저자는 구약의 욥으로 대표되는 '무죄한 자의 고난' 문제를, 인과응보의 논리에 따라 죄의 결과로 보는 것이 아니라 "하나님의 현실과 세계의 현실 사이의 괴리에 대한 폭로이며, 결국 하나님 자신과 더불어 극복되어야 할 과제"로 본다. 더 나아가 고난의 문제를 "하나님의 뜻이라 말할 것이 아니라 이를 통해 하나님의 뜻이 성취될 수 있도록 해야 한다"고 말하며 새로운 신학의 지평을 연다.

아우슈비츠 대학살 이후 서구 교회와 신학은 교회의 공적 책임과 새로운 신학을 발견했다. 요한 밥티스트 메츠는 교회를 "사회비판적인 자유의 제도"라고 하였고, 유럽에서는 사회정의와 인권과 평화를 실천하는 새로운 정치신학이 탄생했다. 우리 시대의 시대적 물음 앞에 고난의 문제를 가지고 답을 한 이 책은 한국교회와 신학계에 큰 업적이 될 것이다.

유석성 서울신학대학교 총장

교회는 오랫동안 고통에는 하나님의 뜻이 있다고 가르쳐왔다. 그 가르침은 너무 손쉬웠고, 너무 아픈 것이었다. 어느 날 갑자기 삶 전체를 허물어뜨리는 이유를 알 수 없는 고난 앞에서, 교회는 너무나도 안락한 모습으로 하나님의 뜻을 이야기했다. 고난이라는 복잡한 현실에 직면하여 너무 간단히 하나님을, 그리고 그의 전능을 변호하고자 했다. 하나님은 변론되었지만, 고난당하는 사람은 자신의 변호자를 찾지 못했다. 너무나 손쉬운 대답은 고난당하는 자의 입을 틀어막고, 아파하는 자로 하여금 자신의 아픔을 부끄러워하도록 강요한다. 욥의 친구들이 그랬고, 오랫동안 교회도 그러했다.

이 책은 고난이라는 우리 인생 가운데 새겨진 쓰라림에 대해 섣불리 답을 주기를 중지해야 한다고 말한다. 대신 고난당하는 이들의 탄식을 신학의 언어로 바꾸어 함께 소리 지르고자 한다. 그것은 머리가 아닌 몸으로, 자신의 삶 가운데에서 하나님에게 질문했던 저자 자신의 소리이기도 하다. 그렇게 이 책은 골고다, 참혹한 언덕에서 우리를 대신해서 하나님께 부르짖었던 우리 주님의 음성을 반복한다. 우리를 대신해서 먼저 소리친 예수처럼, 이 책은 고난당하는 자들의 음성을 그 안에 담고 우리보다 한 발 앞서 하나님께 부르짖는다. 그 외침 한가운데에서야 비로소 우리는 함께하는 하나님, 고난의 현실을 치열하게 변화시켜나가는 하나님을 만나게 된다. 세월호 이후 하나님을 어떻게 믿어야 할지 고민하는 사람이 있다면, 이 책을 열어 고통당하는 자들과 함께하는 하나님을 만나볼 것을 권한다.

이용주 숭실대학교 기독교학과 교수

그날, 하나님은 어디 계셨는가

그날, 하나님은 어디 계셨는가

세월호와 기독교 신앙의 과제

박영식 지음

Holy
WavePlus

| 차례 |

최근 들어 브레히트의 시 〈살아남은 자의 슬픔〉이 종종 생각난다.[1] 나는 '강한 자'는 아니지만 어쩌면 운이 좋아 여지껏 살았는지 모른다. 하지만 살아남았다는 점에서, 이 부조리한 세상을 여전히 살아가고 있다는 점에서, 그것도 현실에 아무런 저항도 항변도 못한 채 순응하며 살아가고 있다는 점에서, 이따금 부끄러움이 밀려온다. 특히 세월호 참사로 먼저 세상을 떠나간 어린 학생들을 생각할 때면 하염없이 눈물이 흐른다. 이들을 살릴 수 있는 제대로 된 세상을 만들지 못했다는 씁쓸한 자성과, 지금도 바다 깊이 빠져 있는 세월호 참사의 진실을 밝히기 위해 아무런 몸부림도 치

---

1) 베르톨트 브레히트, 『살아남은 자의 슬픔』, 김광규 옮김(서울: 한마당, 1993), 117. "물론 나는 알고 있다. 오직 운이 좋았던 덕택에/ 나는 그 많은 친구들보다 오래 살아 남았다. 그러나 지난 밤 꿈 속에서/ 이 친구들이 나에 대하여 이야기하는 소리가 들려왔다./ '강한 자는 살아남는다.'/ 그러자 나는 자신이 미워졌다."

지 못하는 비겁한 나 자신에 대한 부끄러움으로 말미암은 눈물이다. 이만큼의 부끄러움조차 느끼지 못한다면, 나는 더더욱 부끄러운 인간이리라. 하지만 겨자씨만 한 부끄러움이 어쩌면 내게 구원을 가져다줄지도 모른다. 그런데 우리는 고통당하는 자 앞에서 도무지 부끄러워할 줄을 모른다. 내가 고통의 당사자가 아니라는 사실 때문에 고통의 피해자들 앞에서 너무도 무감각하고 뻔뻔하기만 하다.

내가 다른 사람의 아픔에 대해 눈물 흘릴 수 있는 것은 나 자신도 그러한 아픔의 깊이를 아주 조금은 알고 있기 때문이다. 내게는 초등학교 5학년인 사랑스러운 아들이 있다. 아들 녀석은 매년 여름마다 피부질환으로 심하게 고생한다. 밤새 몇 번씩 속옷을 갈아입어야 할 정도로 온몸이 진물과 피로 범벅이 될 때도 있다. 자식의 아픔을 부모가 대신할 수만 있다면 얼마나 좋겠는가! 하지만 고통은 나눌 수 있을 뿐이지, 결코 대신할 수는 없다. 즐거워야 할 학교생활이 스트레스가 됐는지, 아들은 초등학교 1학년 여름부터 시작된 아토피로 벌써 4년째 힘들어하고 있다. 2학년 여름 어느 날엔가는 가려움으로 밤새 뒤척이며 한잠도 못 자더니 새벽에는 아예 자리에서 일어나 앉았다. 나는 동터오는 새벽 풍경을 배경 삼아 녀석을 부둥켜안고 기도했다. 그러자 아들 녀석이 질문을 던졌다. "아빠, 아무리 기도해도 별로 나아지는 거 없잖아. 그런데 아빠는 왜 자꾸 기도해?" 살 가죽을 너무 많이 긁은 까닭에 온몸이 벌겋게 달아오르고 피까지 나는 녀석에게 아무 말도 해줄 수 없었다. "글쎄, 아빠도 잘 모르겠네. 왜 기도해야 하는지…." 말끝을 흐리자 아들은 오히려 나를 위로한다. "아빠, 공부 더 많이 해서 가르쳐줘." 아마 녀석이 순간적으로 아빠의 눈물을 얼핏 본 듯했다. 대답할 수 없는 질문을 던진 게 미안하기라도 한 듯, 아빠를 위해 여지를 마련해주는 녀석을 끌어안고 나는 이렇게 말할 수밖에 없었다. "동인아, 그래도 아빠는 기도할 거야. 기도한다는 건 믿고 희망하는 거니까. 네 아토피가 다 나을 때까지 계속 믿고 희망할 거야."

2014년 봄, 우리 사회를 뜨겁게 달군 사회적 화두는 '하나님의 뜻'이었다. 세월호 참사를 위시해서 한 국무총리 후보의 교회강연이 교회와 사회를 강타하면서, 도대체 하나님의 뜻이 무엇이며, 또 그것을 말하는 자의 의도는 무엇인지를 묻지 않을 수 없었다. 당시의 사건은 하나님의 뜻이란 어구에 담긴 정확한 '뜻'은 묻지 않고, 세상만사를 기계적으로 하나님의 뜻으로 환원시켜버리는 신앙적·신학적 태도에 대한 냉정한 반성이 필요함을 여실히 보여주었다. 성서를 펼쳐보면 고난에 대한 이야기가 무수히 많이 나온다. 그중 요셉의 이야기를 주목해보자. 형들의 시기와 질투로 인해 아무런 잘못도 없으면서 먼 이국땅에 노예로 팔려가야만 했던 요셉의 이야기는 눈물겹다. 하지만 요셉은 깊은 고통의 수렁 속에서도 믿음을 갖고 인내했고 지혜롭게 행동하여 결국은 이집트의 총리대신 자리에 등극한다. 후일 그는 자신을 고통스럽게 만든 형들 앞에서 지나온 가시밭길을 회고하며 하나님의 뜻을 말한다.

　그런데 우리는 참으로 감동적인 요셉의 신앙고백을 앵무새처럼 되풀이하면서, 이를 고난당하는 이웃의 삶에 기계적으로 대입하려고 한다. 하지만 창세기 45:5에 나오는 요셉의 고백—"당신들이 나를 이곳에 팔았다고 해서 근심하지 마소서. 한탄하지 마소서. 하나님이 생명을 구원하시려고 나를 당신들보다 먼저 보내셨나이다"—은 하나님이 악을 선용하신다는 고전적인 신앙체계나, 하나님은 선을 위해 악을 필요로 하신다는 해석과 전혀 상관이 없다. 무엇보다도 하나님이 악을 선용하신다고 해서, "악한 일이 갑자기 선한 일로 둔갑"하는 것도 아니다. "악은 여전히 악이다."[2]

　하나님이 악을 선용하신다는 고백은, 비록 악이 창궐할지라도 하나님은 이를 통해 자신의 뜻을 관철시키신다는 그분의 의지에 대한 신뢰와 희망을 표현하고 있는 것이지, 선한 일을 위해 하나님이 악을 허용하신다거나 악을 필요로 하신다는 뜻이 아니다.

　20년이 지났지만 지금도 잊을 수 없는 일이 있다. 어머니가 중병으로 부산의 한 병원에 입원해계실 때의 일이다. 야간 당직을 맡은 인턴 의사는 어머니의 몸에 소독약을 발라주면서 이런 말을 했다. "치료는 의사가 하지만 책임은 하나님이 지십니다." 젊은 인턴 의사가 내뱉은 이 말은 내게 몇 가지 생각할 거리를 던져주었

---

2) 조석민 외, 『세월호와 역사의 고통에 신학이 답하다』(대전: 대장간, 2014). 요셉 이야기에 대한 해석은 51-52, 인용은 52.

　　　　　　　　　　　　그날, 하나님은 어디 계셨는가

다. 한편에선 옳은 말처럼 들렸다. 우리가 최선을 다하지만 그 결과는 하나님께 맡겨야 한다는 의미로 들렸기 때문이다. 하지만 다른 한편에선 참으로 무책임한 말처럼 들렸다. 하나님께 모든 책임을 떠넘겨버렸으니, 자신은 그저 기계적으로 치료만 하면 된다는 뜻 같기도 했다. 힘들어하는 환자를 위해 약을 좀 더 정성껏 발라줄 수 없느냐는 나의 가벼운 항의에, 의사는 피곤에 찌든 얼굴로 방금 한 그 말이 자신이 의과대학에서 배운 교과서에 나오는 것이라고 덧붙였다. 그러니 자신에게 치료를 이렇게 해라 저렇게 해라 구시렁거리지 말라는 것이었다. 이렇게 하나 저렇게 하나 결과는 하나님의 손에 달렸다는 그의 말은, 어떤 결과가 나오더라도 자신에게 책임을 묻지 말라는 뜻이기도 했다.

그런데 정말 치료는 의사가 하지만 책임은 하나님이 지시는 것일까? 극단적인 예를 하나 들어보자. 의료사고로 사람이 죽었을 때, 그 잘못은 누구에게 있는가? 물어보나 마나다. 무책임한 치료로 의료사고를 일으켜 사람의 목숨을 잃게 해놓고서 이게 다 하나님의 뜻이라고 주장한다면, 그가 과연 정상적인 사람이라 할 수 있을까? 그렇지만 정신병자에게서나 볼 수 있는 이런 태도가 교회 안에서 종종 신앙이라는 이름으로 정당화되기도 한다.

우리는 더 이상 하나님의 뜻을 내세워 자신이 져야 할 책임을 회피해서는 안 된다. 오히려 하나님은 인간에게 책임을 물으시는 분이시다. 참 신앙은 하나님 앞에 인간을 세움으로써 인간을 보다

책임 있는 존재로 만든다.

며칠 전 친구의 페이스북에서 재미있는 글을 하나 읽었다. 어떤 강사가 강연에 참석한 사람들에게 풍선을 하나씩 나누어준 다음, 풍선을 불고 그 위에 각자 자기 이름을 쓰도록 했다. 그리고는 풍선을 모두 섞은 후에 자기 풍선을 찾아보라고 했더니 강연장이 삽시간에 아수라장이 됐다. 아무도 자기 이름이 적힌 풍선을 찾지 못하고 남의 풍선만 들었다 놓았다를 반복했다. 잠시 후 강사는 이제 자기 이름이 적힌 풍선을 찾지 말고, 아무 풍선이나 들고서 거기에 적힌 이름의 주인공에게 가져다주라고 했다. 그랬더니 모두 금세 자기 이름이 적힌 풍선을 되찾을 수 있었다고 한다. 친구는 이 예화를 통해 행복의 비결을 이야기했다. 자신의 행복에만 집중하지 말고 남의 행복에 관심을 가질 때 모두가 행복해질 수 있다는 것이다. 어디 행복뿐이겠는가? 그 누구도 타인의 고통을 대신할 수는 없지만, 고통을 서로 나눌 때 우리는 적어도 홀로 버려진 고통에서만큼은 해방될 수 있다. 자기 자신의 고통에만 집착하면 탈출구를 발견할 수 없다. 하지만 다른 사람의 고통에 공감하며 그들과 연대할 때, 우리는 고통 중에도 숨 쉴 수 있는 힘을 얻게 될 것이다.

이 책에서 나는 고통에 관한 개인적인 경험들과 학문적인 논의들을 결합시키고자 했다. 1장에서는 내가 독일 유학시절에 경험했던 짧은 에피소드를 소개했다. 한국과 독일은 지역적·문화적 거리는 아주 멀지만, 고통에 대한 소위 신학적 답변에 있어서는 매우 유사하다. 왜 그런가? 두 나라 모두 전통신학이라는 우산 아래 무비판적으로 서 있기 때문이다. 그래서 나는 2장부터 5장까지 전통적인 대답들을 향해 의문을 제기하면서 새로운 출구를 마련해보려고 노력했다. 2장에서는 모든 고통이 죄에 대한 징벌인지를 묻고, 3장에서는 고통에 정말 하나님의 뜻이 있는지, 4장에서는 전통적인 신정론의 답변들을 검토하면서 그 정당성을 되물어보았다. 5장에서는 성서에 등장하는 두 가지 비극, 즉 욥의 이야기와 예수의 십자가 사건에 대한 기존의 해석을 비판적으로 넘어서려고 했다. 6장부터 9장까지는 단순한 비판을 넘어 고통이라는 엄청난 현실에 직면하여 신학과 교회가 무엇을 생각하고 말하고 행동해야 하는지를 제안했다. 6장에서는 우리가 고백하는 하나님은 누구시며 무엇을 하시는지, 그리고 7장에서는 고통당하는 자에게 우리가 당연히 해야 하고 또 할 수 있는 일이 무엇인지를 서술했다. 8장에서는 결코 잊을 수 없을 뿐 아니라 잊어서도 안 되는 세월호 참사를 염두에 두고서 신학과 교회가 나아가야 할 새로운 방향을 제안하고자 했다. 9장에서는 신정론의 질문 앞에서 하나님의 전능과 약함 사이를 바장일 수밖에 없는 현대신학의 고민을 담아내면서, 이제 우리는 어떤 의미에서 하나님의 전능하심을 말할 수 있는지를 서술했다. 10장에서는 결론적으로 앞의 논의들을 요약하면서 질문을 덧붙였다.

확실히 신학은 말(logos) 없이 가능한 작업이 아니다. 어떤 이는 하나님을 부정하고 어떤 이는 하나님을 찬양하면서 하나님에 대한 말들을 무수히 쏟아내지만, 하나님에 대한 모든 말이 곧바로 신학이 되는 것은 아니다. 적어도 신학은 신에 대한 잡담과는 구분되어야 하며, 특히 세월호 참사와 같은 비극 앞에서는 보다 더 깊고 철저한 침묵과 묵상을 통과해야만 하는 수행(修行)적 작업이다. 아무쪼록 이 책이 애통하는 자들을 돌아보아야 할 교회와 신학이 그들 앞에서 무엇을 생각하고 또 무엇을 말할 수 있는지를 생각하는 계기를 제공할 수 있기를 바란다. 세월호 참사 1주기를 목전에 두고 한국인 신학자가 쓴 '신정론' 책의 출판을 흔쾌히 허락해준 새물결플러스 대표 김요한 목사님께 깊은 감사의 말씀을 드린다. 또한 이 책이 완성되기까지 수고를 아끼지 않은 새물결플러스 편집부에도 감사를 드린다.

무엇보다도 사랑하는 가족들과 서울신학대학교의 선배, 동료 교수님들, 그리고 이 책의 출간을 기쁘게 지원해주신 유석성 총장님께 심심한 감사를 드린다. 그리고 3월 2일 안타깝게 세상을 떠난 스승 예거 교수님께 그리운 마음을 담아 이 책을 바친다.

2015년 4월
박영식

그날, 하나님은 어디 계셨는가

조르주 루오, "깊은 구렁텅이에서" *De profundis*
— 여호와여 내가 깊은 곳에서 주께 부르짖었나이다(시 130:1) (1927).

1장

아우슈비츠는
역사적 교훈을 위해
꼭 필요했다?

독일 유학시절, 어느 봄 학기에 신정론 세미나가 개설되었다. 지금은 튀빙겐 대학에서 조직신학을 가르치는 헤르마니 교수와 내 학위 논문의 부심을 맡았던 메헬스 교수가 함께 진행하는 세미나였다. 두 명의 교수가 공동으로 진행하는 세미나가 한국에서는 매우 드물지만, 독일에서는 심심치 않게 볼 수 있는 풍경이었다. 첫 수업 시간에 교수는 학생들에게 왜 이 세미나에 참석했는지를 일일이 질문했다. 커다란 원탁에 빙 둘러앉은 학생들이 순서를 따라 자신의 개인적 체험을 비교적 진솔하게 털어놓았다. 아직 젊은 학생들이었지만 저마다 나름의 고통을 품고 살아가고 있었다. 세상에 고통과 무관하게 살아갈 수 있는 자가 얼마나 되겠는가.

내 옆자리에 앉은 학생이 말할 차례가 되었다. 그는 자신이 제2차 세계대전과 같은 끔찍한 사건의 주범인 독일인의 한 사람으로서 고통의 문제에 매우 민감할 수밖에 없다고 말했다. 그리고

6백만 명의 유대인이 학살된 것에 대해 몹시 가슴 아프다고 했다. 하지만 곧이어 그는 이 모든 사건이 결국 하나님께서 허락하신 것이라고 믿고 있다고 말했다. 교수가 그 이유가 무엇이냐고 묻자, 그는 일초의 망설임도 없이 곧바로 이렇게 대답했다. "하나님은 전지전능하시니까요. 그분은 세상 모든 일을 다 주관하시잖아요. 그러니 6백만 명의 유대인이 학살당한 것도 하나님의 뜻 가운데서 일어났다고 봐야죠." 아니, 이게 무슨 뚱딴지같은 소리인가? 과연 정말 그러한가? 그렇다면 대체 하나님은 왜, 무슨 의도로 그런 일을 의도하시고 허락하셨단 말인가?

독일인으로서 자기 민족의 범죄에 대한 그의 솔직한 시인은 분명 용기 있는 고백이었다. 하지만 이런 사건조차도 하나님께서 허락하신 것이라고 말할 수밖에 없다는 그의 말에 너무 소름이 돋아 나도 모르게 의자를 옆으로 옮기고 말았다.

그 발언을 듣고서 고개를 좌우로 흔들며 불만족스러운 표정을 짓는 나를 보고, 메헬스 교수는 이에 대해 할 말이 있느냐고 물었다. 나는 한국 근현대사의 아픔에 대해 이야기했다. "한국전쟁으로 남과 북의 선량한 시민들이 이념과 사상의 희생양이 되어 무수히 죽임 당해야 했습니다. 또 군사독재정권이 들어서면서 무고한 사람들이 협박과 고문을 당해야 했고, 심지어 살해당하는 일들도 꽤 있었습니다. 그때 고문받은 사람들은 수십 년이 지난 지금도 그 후유증으로 몸과 마음이 아파 밤잠을 설치죠. 이처럼 지금도 선한 힘과 악한 힘 사이에 팽팽한 줄다리기가 계속되고 있는데, 세상에 일어나는 모든 일이 선하신 하나님에 의해 허락되었다고 쉽게 단정짓기는 어렵지 않겠습니까? 한국에서는 불의한 사람이 고통을 주고 선한 사람이 고통을 당하는 일이…" 내가 서툰 독일어로 더듬거리자 그 친구는 재빠르게 내 말을 되받아쳤다. "하지만 하나님께서 세상의 모든 일에 관여하시는데 그 일이 하나님에 의해 허락된 것이 아니라면 어떻게 그런 일이 일어날 수 있단 말이죠?"

평소 논쟁을 좋아하던 헤르마니 교수는 이제야 논쟁의 열기가 좀 달아오른다는 표정을 지으며 그 학생에게 다시 물었다. "그러면 하나님은 무슨 의도로 아우슈비츠와 같은 사건을 허락하셨을까요?" 그 학생은 잠시 뜸을 들이더니 이내 단호하게 말했다. "하나님께서 인류에게 다시는 이런 일이 일어나서는 안 된다는 교훈을 주시기 위해 그 일을 허락하셨겠죠." 그 말을 듣자 나는 가슴이 답답하고 숨이 막히는 듯했다. 그러나 속에서 뜨겁게 치밀어 오르는 말들을 깔끔한 언어로 정돈해낼 수가 없었다. 부족한 독일어 실력 때문만은 아니었다. 왠지 막다른 골목에 들어선 듯한 느낌이랄까. 그냥 이대로 물러서면 안 될 것 같은 마음이 들었지만 그렇다고 딱히 자신 있게 내뱉을 말도 없었다.

그 독일 학생의 발언에 대한 불만 때문에 연신 쿵쾅거리는 심장을 간신히 억누르며, 나는 계속 나지막하면서도 굵은 물음을 속으로 삼켜야만 했다. 하나님이 고작 그런 교훈을 주시려고, 죄 없는 사람들을 6백만 명이나 수용소 가스실로 보내셨단 말인가? 이건 마치 어린아이에게 칼이 위험하다는 것을 깨닫게 하기 위해 칼로 아이의 손 하나를 잘라내는 일과 같지 않은가? 어떻게 이런 하나님을 사랑의 하나님이라고 말할 수 있단 말인가? 세상의 모든 고통에는 반드시 그런 식의 숨겨진 어떤 의미가 있어야 하는가? 하지만 고통을 포함한 모든 세상사가 진정 하나님의 섭리에 의해 일어난다면, 거기에는 분명 하나님의 뜻이 있다는 말 역시 사실이 아닌가? 과연 무엇이 옳은가? 정말 고통에는 하나님의 의도가 있고, 그 의도 때문에 고통스러운 일들이 일어나는 것일까?

혼자 속으로 이런 생각을 하고 있는 사이에 또 다른 학생들이 이 세미나에 참여한 이유에 대해 말했지만, 당연히 내게는 그 소리가 귀에 들어오지 않았다. 다만 나는 홀로코스트가 하나님의 의도로 일어났다고 말하는 독일인 친구를 의심 가득한 눈길로 바라보고만 있었다. 정말 그 친구의 말마따나 이 모든 일이 하나님이 의도하신 일이란 말인가?

"세상에서 일어나는 모든 일에는 하나님의 뜻이 있다!" 이런 생각은 한국 기독교인들에게서도 흔하게 발견된다. 더욱이 한국교회의 상당수를 차지하고 있는 장로교회에서 신봉하는 칼뱅의 예정론에 기대어 대다수의 한국교회 신자들은 세상에 일어나는 모든 일이―그것이 좋은 일이든 나쁜 일이든 상관없이―다 하나님의 예정 아래 일어난다고 믿고 있는 듯하다. 2014년 6월에 국무총리 후보자로 지명되었던 문창극 씨가 서울의 한 교회에서 행한 강연이 문제가 된 것도 바로 이 때문이다. 일제 식민통치도, 한국전쟁도 다 하나님의 뜻에 따라 일어났다는 그의 주장은 세간에 큰 뉴스거리였을 뿐 아니라 한국교회 안에서도 격한 논쟁거리가 되었다.[1]

하지만 우리는 무엇보다도 2014년 4월 16일에 일어난 세월호 참사를 잊어서는 안 된다. 아직 채 피어나지 못한 아름다운 생명들이 차디찬 바닷속으로 속절없이 빨려 들어갈 때, 어떤 이는 국민의 안전을 방기한 무능하고 무책임한 정부의 민낯을 보았을 것이고, 어떤 이는 생명을 경시하고 이익에만 혈안이 된 신자유주의의 적폐를 보았을 것이다. 하지만 어쩌면 많은 기독교인들이 그 자리에서 그동안 아무 고민이나 의심 없이 무조건적으로 신뢰해왔던 하나님에 대한 신앙이 무너지는 것을 경험했을지 모른다. 3백여 명의 무고한 생명들이 시커먼 바닷속에 수장되던 그 순간에, 세상 모든 일을 자신의 뜻 안에서 좌지우지하신다는 그 전능자는 도대체 어디에 계셨는가? 들에 핀 꽃 하나도 친히 돌보시는 그분이 어찌하여 수백의 어린 생명들을 지키시지 못하셨단 말인가? 고작 배 한 척 바다 위로 끄집어 올리지 못하는 그분이 정녕 온 우

---

1) 한국의 대표적 기독교 저널인 「기독교사상」은 2014년 8월, 창간 57주년 기념호에서 "하나님의 뜻이 대답이라면 무엇이 문제인가?"라는 주제를 특집으로 다뤘다. 필자도 한 꼭지를 맡아 "신정론, 하나님 변론을 넘어서"라는 글을 기고했다.

주를 떠받치고 계시다는 말인가?

대체 하나님의 뜻이란 무엇인가? 우주 안의 모든 일을 하나님이 다 예정해놓으셨고, 따라서 그 모든 일에 하나님의 뜻이 숨겨져 있다는 대중적인 신앙은 무비판적으로 수용되어야만 하는가? 도대체 여기서 말하는 '하나님의 뜻'은 무엇인가?

어느 날 갑자기 불의의 사고를 당해 장애인이 되는 것도 하나님이 계획해놓은 일이며, 사랑하는 사람을 황망하게 잃는 일이나 아우슈비츠와 같은 참혹한 사건도 하나님의 뜻에 따라 일어난 것이며, 우리 민족의 애달픈 역사적 고통도 하나님이 미리 정해놓으신 일일까? 정녕 세월호 참사도 우리는 이해할 수 없지만 그분의 신묘막측한 뜻 안에서 일어난 일이란 말인가?

나는 이 글에서 하나님의 뜻을 앞세워, 이 땅에서 일어나는 모든 부조리하고 어처구니없는 고난을 용인하고 긍정하려는 기존의 신앙과 신학의 허세를 비판하고자 한다. 참된 기독교 신학은 이 세상에서 일어나는 모든 일을 무비판적으로 수용하고, 운명처럼 하나님의 뜻으로 받아들이는 나약한 사유가 아니다. 오히려 기독교 신학은 십자가에 못 박힌 하나님의 아들 예수 그리스도를 깊이 사유하는 가운데 이 땅의 사건들이 하나님의 통치와 철저히 모순됨을 인지하는 동시에, 예수 그리스도의 부활의 희망을 통해 하나님과 인류 역사의 모순이 하나님 나라의 실현 속으로 지양(止揚)되기를 기도하고 실천하는 사유 활동이다.

이와 관련하여 먼저 전통적인 신앙 사유와 신학 개념들을 비판적으로 검토하고자 한다. 더군다나 세월호 참사를 목도한 그날 이래로, 우리에게는 더 이상 낡아빠진 신앙적 관념에 머물러 있을 염치도 명분도 없다. 이 글에서 다루고자 하는 주제는 신정론이라는 지난(至難)한 주제의 역사와 맞물려 있다. 이 글에서는 기존의 신학이 해왔던 작업, 즉 세상의 부조리와 모순 앞에서 어떤 식으로든 하나님께 정당성을 부여하고자 하는 대답으로서의 신정론을 비판적으로 검토할 것이다. 이를 위해 전통적인 신정론의 문제가 무엇인지를 꼼꼼히 되짚어보겠지만, 그렇다고 새로운 신정론을 구상하지는 않을 것이다. 오히려 신정론에 대한 대답이 아니라, 신정론에 대한 질문을 통해 새롭게 하나님을 사유할 공간을 마련해보고자 한다.

모든 고통은
죄에 대한
징벌이다?

내게는 좋은 목회자 친구들이 많이 있다. 그중 K목사는 작은 교회에서 정직하고 진솔하게 목회에 전념하는 훌륭한 친구다. 한번은 그가 동기 모임 홈페이지에 글을 올렸다. 그 글을 읽으면서 나는 속으로 뜨거운 눈물을 흘리지 않을 수 없었다. 또한 그 글에서 한국교회의 목회 현장에서 널리 통용되는 신앙 논리 한 가지를 엿볼 수 있었다.

저는 오늘, 암 투병 중인 ○○○ 자매를 만나고 왔습니다. 그리고 아주 조심스럽게 다음의 말을 해주었습니다.

"우리는 ○○○ 자매의 투병 앞에서 두 가지를 기도할 수 있습니다. 죽는 것은 안 된다고, 그것은 저주와 같고 하나님께 버림받은 것이 되기 때문에 무조건 살려달라고 기도할 수 있습니다. 그러나 죽음 앞에서 담대하게 해달라고 기도할 수도 있습니다. 우리의 죽음은 존재의 끝이 아니고 그리스도 예수 안에서 얻은 구원의 일부이기도 합니다. 따라서 둘 중 어느 하나만을 위해 기도해서는 안 됩니다. 두 가지 모두를 위해 기도해야 합니다.

OOO 자매가 아직 젊고, 딸의 투병을 곁에서 고통스럽게 지켜보는 부모님도 계시고, 이 땅에서 해야 할 일이 남아 있다면 하나님께서 왜 OOO 자매를 살리셔야 하는지 또 살아서 무엇을 해야 하는지를 꿈꾸십시오. 그리고 믿음으로 기도합시다. 다만 죽음의 공포에 짓눌려 떨면서 기도하지는 맙시다."

생사를 넘나드는 말기 환자에게 죽을 준비를 하라고 말하는 것은 어려운 일입니다. 그러나 목사가 해야 할 말 중에는 죽음을 앞둔 사람들에게 나눌 말도 분명 있습니다. 저는 여전히 OOO 자매를 위해 기도합니다. 두 가지를 다 염두에 두고 말입니다. 병실을 나서면서 자매에게 다음에 맑은 정신이 들면 꿈이 무엇인지, 하고 싶은 일이 무엇인지 말해달라고 부탁했습니다. 다음 방문 때까지 꿈에 대해 생각해보라고 숙제를 내준 셈입니다. OOO 자매는 지난주부터 심방하며 돌보고 있는 우리 교회의 특별한 새 가족입니다. 서른아홉 살밖에 되지 않은 젊은 나이에 사회적으로 성공을 거둔 인재였고 부모에게 사랑받는 아주 소중한 딸이었습니다. 어렸을 때부터 남다른 총기와 영민함으로 부모의 자랑이었고 기쁨이었던 귀한 딸입니다. 암 투병을 시작한 지는 꽤 오래되었고, 지금은 암이 다른 부위로까지 전이돼 상태가 매우 심각한 상황입니다. 병원 치료와 오랜 투병생활로 고통스

그날, 하나님은 어디 계셨는가

러운 삶을 살아감에도 불구하고 돌봐주는 교회도, 목회자도 없이 지내는 모습을 안타깝게 여긴 지인이 소개해주어서 만나게 된 자매입니다. 저는 그 자매를 냉큼 우리 교회 성도로, 내 양으로 받아들였습니다.

OOO 자매에게 병원에서 주는 약을 다 끊고 기도원에 가서 기도하면 낫는다는 말을 한 사람들이 있었습니다. 그녀는 그렇게 하는 것이 믿음의 행위인 줄 알고 병원을 나와 기도원에 들어가 생활한 적이 있습니다. 믿음으로 기도해야 한다고, 건강을 되찾아서 선교해야 한다고, 30일만 채우면 신유의 역사가 나타날 것이라는 사람들의 말을 철석같이 믿은 것입니다. 하지만 그 결과는 참혹했습니다. 차마 눈을 뜨고 볼 수 없을 정도로 몸이 망가졌고, 결국에는 가족들의 손에 이끌려 다시 병원으로 돌아가서 큰 수술을 받아야 했습니다. 그녀는 지금도 30일 중에 3일을 마저 채우지 못한 것이 마음에 걸려 혹 믿음이 부족해서 병이 낫지 않은 것은 아닌지 괴로워하고 있습니다.

자매를 이렇게 만든 사람들이 너무 밉습니다. 이런 식으로 하면 병이 낫는다는 이상한 도식을 만들어 삶의 큰 시련 앞에서 힘들어하는 이들을 현혹하는 사람들이 너무 밉습니다. 집사란 이름으로, 목사란 이름으로 주의 권능을 행하듯 하는 사람들, 로또 복권보다 당첨되기 어렵다는 OOOO 기도원이라는 게 있다고 말하는 사람들이 너무 원망스럽습니다. 그 사람들에게 속아 또 다른 고통을 당하는 사람들과 그 가족들 앞에서, 목사로서 해줄 말이 아무것도 없습니다. 마치

제가 죄인이 된 듯합니다.

수술로 도려낸 상처나 항암치료의 고통보다, 믿음이란 말과 성령의 역사란 말로 갈기갈기 찢긴 상처가 더 아픕니다. 병을 못 고친 것이 믿음 없음 때문이라면서, 사경을 헤매는 사람에게 회개해야 한다고 말하는 악한 사람들이 너무 밉습니다. ○○○ 자매를 만나기 위해 병원에 갈 때마다 미안해서 고개를 들 수가 없습니다.

물론 제 잘못이 아니라고 변명할 수 있습니다. 그러나 한 사람의 삶이 그 지경이 되기까지 교회가 아무런 책임을 지지 않을 뿐만 아니라, 그로 하여금 자신이 더 회개해야 한다고 믿게 만드는 현실 앞에서는 할 말을 잃을 수밖에 없습니다. 우리를 긍휼히 여기실 그분 밖에는 기댈 곳이 없습니다. 그 마음이 자꾸 사무쳐서 미안하고 마음이 저려 고통스럽습니다. 아무래도 주님께서 속히 오셔야겠습니다. 독한 항암제로 곱디고운 머리카락이 다 빠져서 이마가 훤한 딸의 얼굴이 여전히 세상에서 가장 예쁘다는 아버지를 위해서라도, 딸을 간병하느라 진이 다 빠져서 이제는 제대로 걷는 것조차 힘들어하는 노모를 위해서라도 말입니다. 정상적인 방법으로 암과 싸워야 할 때 복음이란 명찰을 달고 강도처럼 다가온 사람들에게 속아 넘어간 자매의 눈물과 탄식 앞에서, 실은 이 말이 하고 싶은 겁니다. 주여, 오시옵소서.

사람들, 특히 신앙인들은 큰 고난에 직면하면 거의 무의식적으로 행여 자신이 과거에 저지른 잘못 때문에 이런 어려움이 찾아온 것은 아닌가 하고 근심에 빠진다. 고난을 자신의 잘못이나 죄에 대한 당연한 벌로 여기는 것이다. 이것은 비단 성도들만의 문제가 아니다. 깊은 사유나 비판 의식 없이 인과응보의 원리에 쉽게 순응하는 것은 목회자들도 마찬가지다. 그런 목회자들은 고통에 빠진 사람을 위로하고 격려하기보다는 하나님의 뜻이 무엇인지를 인과론적으로 설명해주려고 애쓴다. 유명한 소설가 박완서 선생도 의사였던 자신의 아들을 잃었을 때, 혹시라도 자신이 교만하여 하나님께서 벌을 주신 것은 아닌가 하고 물었다고 한다.

내가 받은 벌은 내 그런 교만의 대가였을까. 하느님이 가장 싫어하시는 게 교만이라니, 나는 엄중하지만 마땅한 벌을 받은 것이었다.

하지만 그녀는 여기서 멈추지 않는다. 비록 자신의 고통이 신이 내린 벌이라 하더라도, 이로 인해 아들을 죽이기까지 하는 신의 처사는 결코 정당화될 수 없지 않은가?

내가 교만의 대가로 이렇듯 비참해지고 고통받는 것은 당연하다고 치자. 그럼 내 아들은 뭔가. 창창한 나이에 죽임을 당하는 건 가장 잔인한 최악의 벌이거늘 그 애가 무슨 죄가 있다고 그런 벌을 받는단 말인가. 이 어미에게 죽음보다 무서운 벌을 주는 데 이용하려고 그 아이를 그토록 준수하고 사랑 깊은 아이로 점지하셨더란 말인가. 하느님이란

그럴 수도 있는 분인가.[1]

백번을 거듭 생각해봐도 그녀의 물음이 옳다. 이는 참으로 정당하고 솔직한 물음이다. 자신의 고통이야 벌로 감내할 수 있다손 치더라도 아들은 무슨 죄가 있단 말인가? 하지만 기독교 신앙이란 것이 너무 자주, 그리고 참으로 가혹하게 이런 질문에 대한 답변은 고사하고 아예 질문조차 제기하지 못하게 한다. 우리가 겪는 참혹한 고통의 원인과 결과에 대해 뭐라고 말이라도 해야 하는데 말이다. 우리는 과연 누구를 붙잡고 호소할 수 있단 말인가? 친구, 선배, 스승, 부모? 아니다. 얍복 강가의 야곱처럼 바로 그분을 밤새 붙들고 따질 수밖에 없다. 설령 그 질문에 대해 어떤 확실한 대답을 듣지 못한다 해도 이렇게 묻는 것은 정당하며, 아무도 이 물음을 가로막을 수 없다.

그렇지만 질문을 던진다 해도 속 시원한 답변을 들을 수 없기에 더욱 절망스러워진다. 과연 신은 나를 벌하시기 위해 고통을 가하시는가? 물론 그럴 수도 있다. 하지만 이런 형벌이 한편으론 이해가 되지만, 때로는 내가 지은 죄에 비해 터무니없이 과한 벌을 내리시는 것은 아닌가 하는 의문이 들기도 한다. "눈에는 눈으로, 이에는 이"라고 했는데, 내가 당하는 고통이 비록 형벌의 결과

---

1) 박완서, 『한 말씀만 하소서』(서울: 솔출판사, 1994), 25-26.

라 하더라도 너무 지나치다는 생각을 떨쳐버릴 수 없을 때가 있기 때문이다. 과연 매사에 이런 식으로 벌을 주는 존재를 사랑의 하나님이라고 할 수 있을까?

목사인 내 친구가 비통한 마음으로 적은 글처럼, 입으로는 사랑의 하나님을 말하면서도 실제로는 고통 중에 있는 사람들에게 신앙의 이름으로 더 큰 상처를 주는 자들이 너무 많다. 신이 아우슈비츠와 같은 사건을 일부러 의도했다면, 아우슈비츠 수용소에서 희생당한 사람들은 그저 인류에게 교훈을 주기 위해 신이 사용한 도구에 지나지 않는다. 하지만 이런 생각은 더 이상 신앙의 이름으로 정당화될 수 없다. 만약 신이 두 번 다시 일어나서는 안 되는 이런 끔찍한 사건조차도 계획하고 허락했다면 이러한 신에게는 결코 사랑이란 수식어를 붙일 수 없을 것이다. 분명 그런 신의 본질을 사랑이라고 말하기는 어렵다.

일상에서 일어나는 크고 작은 문제와 까닭을 알 수 없는 치명적인 고통 앞에서, 우리는 거기에 신이 정해놓은 어떤 뜻이 있다고 믿어야 할까? 과거 서남아시아에서 18만 명 이상의 사람들을 희생시킨 쓰나미가 발생했을 때, 한국교회의 한 유명 목회자는 그들이 예수를 믿지 않아 쓰나미에 희생된 것이라고 말했다. 일본 후쿠시마에 대지진이 일어나고 원전사고가 났을 때도 그 사건을 하나님의 심판이라고 말한 목회자가 있었다. 과연 정말 그런가? 정말 그렇다면 어떻게 이런 종류의 신을 믿을 수 있을까?

이런 식의 생각은 어떻게 보면 신학적으로 정당한 듯 보인다. 위대한 신학자 아우구스티누스도 세상의 고통을 한편으로는 인간의 죄에 대한 하나님의 징벌로, 다른 한편으로는 인간 자신들의 범죄로 이해했기 때문이다.[2] 하지만 신학적 정당성은 어느 위대한 신학자의 말을 무비판적으로 받아들여 앵무새처럼 반복한다고 획득되는 것이 아니다. 신학은 성서의 정신과 오늘의 시대상황에 대한 적합성 사이에서 부단히 변주되어야 하며, 그 최종적인 정당성은 항상 비판적으로 유보될 수밖에 없다.

제아무리 위대한 신학자라고 해도 그가 남겨준 인과응보의 원리가 오늘날 우리 시대에도 무비판적으로 다 받아들여져야만 하는 것은 아니다. 물론 인과응보의 원리가 필요할 때도 있고, 또 요긴할 때도 있다. 하지만 세상에서 일어나는 모든 일에 인과응보의 원리를 획일적으로 적용할 수는 없다. 특별히 내 고통이 아닌 타인의 고통에 대해서는 더욱 그렇다. 내가 무슨 권리로 타인의 고통에 인과응보의 신학을 적용시킬 수 있단 말인가? 실상 인과응보의 신학에는 다음과 같은 관점이 내재해 있다. 첫째, 신은 모든 일에 관여하여 자신이 예정해놓은 뜻을 관철시킨다. 둘째, 잘못한 자에게 신은 반드시 고통이라는 벌을 준다. 셋째, 따라서 고통에는 정당한 (신적) 이유가 있다.

---

2) 박영식, 『고난과 하나님의 전능』(서울: 동연, 2012), 특히 62-67 참조.

그날, 하나님은 어디 계셨는가

하지만 우리는 정당한 이유를 찾을 수 없는 부조리한 고통들에 대해서 알고 있다. 아우슈비츠와 후쿠시마, 그리고 세월호로 대표되는 우리 시대의 비극들이 그러하다. 우리의 머리로는 이해할 수도 용납할 수도 없는 거대한 참사들을 돌아볼 때면, 하나님께서 정말로 세상 모든 일을 아주 세세히 예정해놓으셨는가 하는 의문이 든다. 또한 하나님이 잘못한 자에게 매번, 반드시 고통을 가하시는지도 의문이다. 성서를 보면 하나님은 때때로 징벌보다는 용서를 택하시기 때문이다. 하지만 더 큰 의문은 모든 고통이 반드시 죄에 대한 징벌인가 하는 문제다.

더욱이 우리 주변에는 천벌을 받아도 마땅하다는 생각이 드는 사람들이 있는데 도리어 그들은 떵떵거리며 잘 살기만 한다. 사실 이것은 우리 시대만 그런 것은 아니다. 이미 오래전 성서 속의 신앙인들도 이렇게 항변했다.

여호와여 어찌하여 멀리 서시며, 어찌하여 환난 때에 숨으시나이까. 악한 자가 교만하여 가련한 자를 심히 압박하오니 그들이 자기가 베푼 꾀에 빠지게 하소서. 악인은 그의 마음의 욕심을 자랑하며 탐욕을 부리는 자는 여호와를 배반하여 멸시하나이다. 악인은 그의 교만한 얼굴로 말하기를 여호와께서 이를 감찰하지 아니하신다 하며 그의 모든 사상에 하나님이 없다 하나이다(시 10:1-4).

죄와 벌의 상관관계가 이 땅에서 정당하게 연결되어 있다면 더 이상 말할 필요가 없겠지만, 그렇지 않을 때 우리는 어떻게 고통을 무조건 하나님의 벌이라고 말할 수 있을까? 임마누엘 칸트는 1791년에 쓴 "신정론에서 모든 철학적 시도의 실패"라는 논문을 통해, 죄와 벌이 이 세상에서 정당하게 일치하지 않음을 지적하면서 이 세상에서는 경험할 수 없는 사후세계의 심판에 대한 희망을 넌지시 암시했다.[3]

1775년 11월 1일, 아름다운 해양도시 리스본에 대지진이 일어났다. 만성절 미사를 드리려는 신자들로 가득 차 있던 대성당이 붕괴됐고 도시 전체가 순식간에 아수라장으로 변했다. 수많은 사람이 속절없이 죽어야만 했을 때, 철학자 칸트는 우리가 살아가는 이 땅에서는 인과응보의 신학을 정당화할 길이 없음을 분명히 목도했다. 또한 경험과 유리된 추상적인 관념론이나 교리적 독백도 이 땅에서 더 이상 발 딛고 설 자리가 없다는 사실을 깨달았다. 따라서 칸트는 죄와 벌, 도덕과 보상, 그리고 행복의 결합 가능성을 다만 종말론적 희망 안에서 사후세계로 연기할 수밖에 없다고 생각했다.

이것은 단지 칸트만의 통찰에 머물지 않는다. 2014년 4월 16일

---

3) Immanuel Kant, "Über das Misslingen aller philosophischen Versuche in der Theodicee," in *Akademische Ausgabe von Immanuel Kants Gesammelten Werken* Bd. VIII(Berlin 1900ff, 253-271), 특히 261 이하.

그날, 하나님은 어디 계셨는가

에 일어난 세월호 참사를 목도했던 우리 역시, 이 땅에서 죄와 벌은 항상 상응하지 않는다는 사실을 몸서리치게 경험했다. 부디 시간을 내서 세월호 유가족의 육성기록을 아픈 가슴으로 담아낸 책 『금요일엔 돌아오렴』을 꼭 읽어보시라.[4] 냉혹한 바다에 삼켜진 아이들이 살아남은 우리들보다 죄가 더 많아서 그런 일을 당했단 말인가? 결코 아니다. 그 아이들은 참으로 순수하고 착하며 예의바르고 정직한 청소년들이었다. 게다가 그중에는 기독교 신앙을 가진 아이들이 얼마나 많았던가? 또한 죽어가는 순간까지도 육지의 가족들을 걱정하거나, 친구들을 구하려 했던 아이들도 있지 않았던가? 이 세상에는 죄의 대가로 주어지는 고통도 있겠지만, 모든 고통이 다 죄에 대한 징벌은 아니다. 오히려 벌을 받아 마땅한 이들이 얼마나 의기양양하게 잘 살고 있는가?

> 여호와여 내가 주와 변론할 때에는 주께서 의로우시니이다. 그러나 내가 주께 질문하옵나니 악한 자의 길이 형통하며 반역한 자가 다 평안함은 무슨 까닭이니이까?(렘 12:1)

그러므로 이제 더 이상은 모든 고통이 다 하나님의 벌이라고 말하지 말자. 하나님은 때로 죄를 심판하거나 정화시키기 위해서

---

4) 416 세월호 참사 시민기록위원회 작가기록단, 『금요일엔 돌아오렴』(서울: 창비, 2015).

징벌을 내리신다. 그분은 어긋난 자식을 꾸짖는 아버지의 심정으로 벌을 내리시기도 한다. 하지만 모든 고통이 다 하나님의 징벌은 아니며, 더욱이 우리 시대에 벌어지는 많은 고통은 하나님의 징벌과는 아무런 상관이 없어 보인다. 따라서 고통당하는 이웃에게 자신이 하나님의 의중과 목적을 다 알고 있는 대리자인 척 함부로 나서지 말자. 기독교 신자로서 우리는 고통 앞에서 쓸데없는 죄책감을 타인에게 안겨줘서는 안 되며, 또 스스로 자책하지도 말아야 한다. 오히려 그 의미를 다 알 수 없는 고통 앞에서는 성서의 증인들처럼 하나님께 따져 물어야 한다. 그분께 당당하게 항변해야 한다. 어쩌면 고통 중에 신음하며 죄의식에 사로잡혀 있는 것보다, 하나님께 따져 물으며 대항하는 것이 훨씬 더 성서적 신앙에 가까울 것이다.

우리는 하나님이 벌주기를 기뻐하시는 우주적 가학증 환자(사디스트)인 것처럼 생각해서는 안 된다. 오히려 성서의 하나님은 피조물의 고통을 싸매어주시고 치료하시고 구원하시는 분이시다. 하나님은 인간을 벌주시기 위해 두 눈을 시퍼렇게 뜨고 범죄자를 색출하려고 혈안이 되어 있는 분이 아니며, 설령 사람이 자신의 죄로 인해 벌을 받는다 하더라도 그 고통이 과도하게 무겁지 않도록 자비를 베푸시는 분이다. 예컨대 하나님은 아담과 하와가 에덴에서 추방당할 때도 그들에게 가죽옷을 입히셨으며, 살인자 가인에게도 보호의 표시를 더해주셨다. 고대 근동의 다른 종교와 비교해볼 때,

그날, 하나님은 어디 계셨는가

하나님은 인신제사를 혐오하시며, 인간을 자신의 노예로 부리지도 않으셨다. 더 나아가 하나님은 (동물의) 희생제사를 즐기지도 않으셨으며, 오히려 사람과 사람 사이에 인애와 자비가 시행되기를 원하셨다. 보다 적극적으로 말하자면, 하나님은 자신이 만드신 피조물이 생육하고 번성하기를 원하시며, 생명을 얻되 더 풍성히 얻기를 원하신다. 이처럼 사랑과 생명으로 온 세상이 충만하기를 원하시는 하나님을 되레 가학증 환자처럼 생각하는 자는, 스스로를 하나님과 분리시켜 자신을 피학증 환자(마조히스트)로 만드는 사람이다. 죄책감에 사로잡혀 자신을 학대하는 동시에 다른 사람을 자기와 같은 죄책감에 빠뜨리는 자는 아직도 성서가 증언하는 사랑의 하나님을 알지 못하는 사람이다. 하나님은 단순히 우리의 죄만 용서하시는 것이 아니라 우리 자신을 용납하신다. 그분은 죄를 징벌하시기보다는 용서하시며, 고통을 주시기보다는 상처와 아픔을 싸매어주시고 치료하시기를 기뻐하신다. 우리가 진실로 고통보다는 기쁨을, 징벌보다는 구원을 베푸시는 하나님을 신앙한다면, 이제부터는 모든 고통이 하나님의 징벌이라고 함부로 단정짓지 못할 것이다.

3장 ───────────────────────

고통에는
하나님의
뜻이 있다?

우리가 살아가는 세상에는 다양한 형태의 고통이 존재한다. 분명
어떤 고통은 하나님의 뜻과 계획 속에 일어나는 것일 수도 있다.
하지만 모든 고통이 다 하나님의 징벌이 아니듯이, 모든 고통이
다 하나님의 뜻에 따라 일어나는 것은 아닐 것이다. 확실히 하나
님이 원치 않으시는 고난이 일어날 수도 있다.

　우리는 뜻밖에 닥쳐온 고난, 즉 예상치 못했거나 원치 않았던
고난을 수시로 당한다. 인간이 겪는 가장 큰 고통은 아마 사랑하
는 자녀를 먼저 떠나보내는 일일 것이다. 미국 예일신학대학원의
명예교수인 월터스토프는 자신의 책『나는 사랑하는 사람을 잃었
습니다』에서 대학생이던 아들 에릭이 알프스를 등반하던 중에 추
락사 당한 일을 회고하며, 아버지로서 자신의 아이들을 모두 다
사랑했지만, 사고로 잃어버린 에릭의 빈자리를 채워줄 수 있는 것
은 아무것도 없었다고 고백한다. 그는 에릭의 부재로 인한 고통을

무마하거나 지우지 않을 것이며, 오히려 이 아픔과 함께 아들에 대한 기억을 고이 간직하겠다고 말한다.

이 세상에 구멍이 하나 뚫렸다. 그가 있던 그 자리에는 이제 아무것도 없다. 한때 이 세상에 존재했던 다른 것과 비교할 수 없는 추억, 희망, 지식과 사랑이 사라졌다. 오직 빈 자리만이 남아 있을 뿐이다. 한때 이 세상 속에서 움직이던, 이 세상에서 단 하나뿐이던, 이 세상을 향한 관점 하나가 떨어져나갔다. 오직 허공만이 남아 있을 뿐이다.[1]

어느 날 갑자기 자녀를 잃어버린 부모는 차라리 내가 대신 죽었으면 좋겠다는 생각에 가슴을 쥐어뜯는다. 그런 일이 일어나는 순간, 부모의 가슴에는 월터스토프의 말처럼 "결코 채워질 수 없는 빈자리"가 생긴다. 그리고 그 서늘한 빈자리를 느낄 때마다 부모는 이런저런 후회와 자책을 반복한다. "차라리 결혼을 안 했더라면 어땠을까?", "지금의 배우자를 안 만났더라면 아이가 생기지도 않았을 것이고 그러면 자식을 잃어버릴 일도 없었을 텐데", "내가 왜 하필 그날 아이에게 그런 몹쓸 말을 했을까", "(거기) 가지 말라고 말리고 싶었는데 왜 그러지 못했을까." 이렇듯 자녀의 죽음은 남은 가족에게도 치명적인 고통을 안겨준다. 그렇다면 이런 사

---

1) 니콜라스 월터스토프, 『나는 사랑하는 사람을 잃었습니다』, 박혜경 옮김(서울: 좋은씨앗, 2014), 54.

그날, 하나님은 어디 계셨는가

람들에게 하나님이 그토록 잔인한 죽음을 미리 계획하셨다고 말할 수 있을까?

때로 어떤 고난은 살아가는 데 유익이 될 수 있다(시 119:71). 하지만 자녀의 죽음은 떠난 자녀에게도, 남겨진 가족에게도 아무런 유익을 주지 못한다. 하나님께서 그에게 무언가를 말씀하시고자 했더라면, 예컨대 그의 그릇된 행실을 바로잡으려고 하셨더라면, 죽음이 아닌 다른 방법으로도 얼마든지 가능했을 것이다. 하나님이 그 부모에게 무언가를 말씀하시고자 했더라면, 자녀를 죽이지 않고도 그렇게 하실 수 있었을 것이다. 도대체 세상에 단 하나뿐인 자녀가 죽은 마당에 거기 무슨 하나님의 계획과 뜻이 있을 수 있단 말인가?

더군다나 어린아이의 죽음을 생각하면, 거기에 하나님의 계획과 뜻을 결합시키기가 더욱 어렵다는 사실을 알 수 있다. 순진무구한 어린아이의 죽음을 원하고 계획하는 신은 도대체 어떤 신인가? 그 누구를 위해서도, 그 무엇을 위해서도 어린아이의 죽음은 용인될 수 없다. 아이를 키워본 사람이라면 이 말의 의미를 잘 알 것이다.

도스토예프스키는 무고하게 희생된 아이들을 염두에 두고서, 아이들의 죽음은 그 무엇으로도 보상될 수 없다는 사실을 직시한다.

나는 고상한 조화 같은 건 깨끗이 포기하겠어. 왜냐하면 그따위 조화는 구린내 나는 감옥에 갇혀 조그만 자기 가슴을 두드리며, 보상받을 길 없는 눈물을 흘리면서 '하느님'께 기도를 드린 그 불쌍한 어린애의 눈물 한 방울 만한 가치도 없기 때문이지. 왜 그만한 가치도 없느냐, 그건 이 눈물이 영원히 보상받지 못한 채 버려졌기 때문이야. 그 눈물은 마땅히 보상받아야만 해. 그렇지 못하면 조화라는 건 있을 수 없는 거야. 그러나 무엇으로, 무엇을 가지고 그것을 보상한다는 거냐? 과연 그것이 가능한 일일까? 눈물로써 복수를 한다. 과연 이게 보상이랄 수 있을까? 그러나 나는 그따위 복수 같은 건 필요하지 않아. 학대자를 위한 지옥 같은 건 소용없어. 이미 죄 없는 자가 고통을 받은 후에 지옥 같은 게 무슨 도움이 된다는 거야! 만일 어린애들의 고뇌가 진리의 보상에 필요한 만큼 꼭 필요하다고 한다면, 나는 미리 단언해두겠어. 어떤 진리도 그만한 가치는 없다고.[2]

도스토예프스키는 순진무구한 어린아이의 죽음은 어떤 형태로든 보상받을 수 없다고 말할 뿐 아니라, 이 세상에서 조화가 가능하다는 생각 자체를 정면으로 반박한다. 세상만사가 모두 하나님의 뜻 안에서 일어난다는 신념은 이 세상의 조화와 질서를 옹호하는 논리와 맞물려 있다. 하나님께서 세상에서 일어나는 모든 일을

---

2) 도스토예프스키, 『카라마조프네 형제들』, 제1권, 김학수 옮김(서울: 삼성출판사, 13판, 1986), 345, 346.

그날, 하나님은 어디 계셨는가

영원 전에 예정하셨고 또 실제로 모든 일을 그렇게 정하신 대로 이끌어나간다면, 이 세상의 일들은 결국은 조화롭게 정돈되기 마련이다. 하지만 정말 이 세상 모든 일이 조화롭게 정돈되어 있기만 하던가? 오히려 혼돈과 무질서 가운데 있는 일들이 더 많지 않던가?

비단 자녀나 어린아이의 죽음만이 아니라 사랑하는 부모의 때이른 죽음도 세상이 조화와 질서를 이루며 존재하는 것이 아니라는 사실을 일깨워준다. 1992년 군 입대를 앞두고 있던 나는 학교를 휴학하고 잠시 고향 집에 내려갔다. 어머니는 나를 보자마자 반색을 하시면서 그동안 당신을 병원에 데리고 갈 사람이 없어, 아픈 곳이 있는데도 병원에 가지 못했다고 하셨다. 나는 어머니의 손을 잡고 서둘러 동네 작은 병원을 찾았다. 어머니는 늘 활기차고 건강한 분이셨다. 경제력이 없던 아버지를 대신해서 5남매를 키우느라 몸과 마음이 무척 고단했을 텐데도 자식들 앞에서만은 늘 웃음과 유머를 잃지 않으셨다. 그런 어머니를 모시고 별 생각 없이 들린 병원에서 나는 하늘이 무너지는 말을 들어야만 했다. "자네가 보호자인가? 집에 있는 식구들에게 알리고 되도록 빨리 큰 병원으로 모시게." 나는 어머니의 구체적인 병명도 모른 채, 형과 누나에게 전화를 하고서 시내에 있는 큰 병원으로 어머니를 모셨다. 가족들이 병원에 도착했을 때, 담당 의사는 어머니를 더 큰 종합병원으로 즉시 옮겨야 한다고 말했다. 그로부터 두 달 동안 나는 어머니를 뒷바라지하며 병원에서 생활했다. 어머니의 양쪽 폐에는 염증이 넓게 퍼져 있었고 거기 고여 있는 고름을 기계로 뽑아내야 했다. 어머니의 등에 구멍이 뚫리고 호스가 들어갔다. 영화에서나 볼 법한 광경이 아닌가. 수술 후에도 어머니는 등에 뚫린 두 개의 구멍을 타고 흐르는 고름을 받아내는 플라스틱 통을 양 손에 들고 다녀야만 했다. 한밤중에 갑자기 피를 토해 세숫대야 가득 피를 받아냈던 적도 있었다. 그때 나는 피가 물처럼 흐르지 않고 밀가루 반죽처럼 엉켜 붙을 수 있다는 것을 처음 알았다.

대학 친구들은 대자보를 통해 내 소식을 학우들에게 전하고 함께 기도해줄 것을 요청했다. 어머니가 출석하던 교회 사람들도 병문안을 와주었다. 교인들은 그렇게 건강하시던 분이 어떻게 순식간에 이 지경이 되었느냐며 어머니를 위로했다. 그러면서 그분들은 이렇게 말했다. "여기에도 분명 하나님의 뜻이 있을 거야", "이번 기회에 가족들을 모두 교회로 인도하시려는 하나님의 뜻이 있다니까." 물론 어머니를 위로하려는 말이었지만, 그 말은 내 심장에 가시처럼 깊이 박혔다. 너무 아팠다. 나는 속으로 따져 물었다. "이 모든 일이 하나님의 계획 속에 진행되고 있다고? 하나님에겐 그런 머리밖에는 없단 말야? 하나님이 생각하실 수 있는 게 고작 그것밖에 없어?"

당시 내 손에는 친구가 한 해 전에 생일선물로 사준 몰트만의 『십자가에 달리신 하나님』이 들려 있었다. 나는 병상에 누워 계신

그날, 하나님은 어디 계셨는가

어머니를 간병하는 틈틈이 그 책을 읽었다. 책 표지에 그려진 그 뤼네발트(Grünewald)의 그림과, 그 의미를 모두 이해하지는 못했지만 군데군데 따라잡을 수 있었던 내용들은 예수의 고통과 내 어머니의 고통을 하나로 묶어주기에 충분했다. 병실 창문 밖에는 수많은 십자가들이 밤마다 빨갛게 달아오르고 있었다. 당시 나에게는 우리 가족을 위해 한평생 몸과 마음을 다 바쳐 헌신한 어머니의 아픔과, 인류를 위해 자신을 내어놓으신 하나님의 아들의 고통이 크게 다르게 느껴지지 않았다.

후일 독일에서 유학할 때, 유명한 여성 신학자 도로테 죌레(Dorothee Sölle)가 내가 공부하는 베텔에 온 적이 있다. 나는 그녀에게 이런 질문을 던졌다. "어머니를 너무 사랑해서 그 어머니를 잊지 못하는 한 청년이 있습니다. 그는 어머니가 보여주신 사랑과 헌신을 그리워하며, 심지어 이를 통해 예수 신앙의 의미를 이해하고자 합니다. 당신 생각에는 이것이 올바른 것인가요?" 죌레는 다음과 같이 짧게 대답했다. "네. 예수께서는 그 청년의 어머니에 대한 그리움 안에 함께 계실 거예요." 나는 그녀의 답변을 이렇게 이해했다. 예수는 사랑하는 사람에 대한 그리움을 공감하고 이해하시며, 세상을 먼저 떠난 어머니와 남겨진 나를 연결시켜주고 계신다. 어머니의 고통 안에서 나는 예수의 고통을 경험할 수 있었고, 예수의 고통 안에서 어머니의 고통을 이해할 수 있었다.

투병을 하시던 어머니는 그 해 4월 어느 날 아침에 농담 한마디를 건네시고는 속절없이 세상을 떠났다.[3] 우리 가족은 뇌사상태에 빠진 어머니를 급히 집으로 모셨다. 그날은 성금요일 다음날이었고, 집에 돌아온 어머니는 부활절 새벽에 숨을 거두셨다. 미처 육십 세도 못 채우고 세상을 떠나신 것이다. 형은 어머니께 내년에 세계여행을 보내드리겠다고 약속했다며 하염없이 눈물을 흘렸다. 나는 이 모든 일이 꿈만 같아 도저히 믿기지 않았다. 하지만 그 꿈에서 깨어날 수 있는 길은 없었다.

장례식이 진행되는 동안, 나는 혼자서 속으로 계속 똑같은 질문을 되뇌었다. 도대체 어머니의 때 이른 죽음에는 하나님의 어떤 예정된 뜻이 숨겨져 있단 말인가? 하나님은 나와 우리 가족에게 무엇을 말하고 싶어서 어머니를 이렇게 일찍 데려가셨단 말인가? 솔직히 그 질문에 대한 답을 나는 아직까지도 잘 모르겠다. 하나님께서 어머니의 죽음을 통해 무언가를 말씀하시려고 했다면, 내가 알아듣도록 하셔야 하지 않았을까? 적어도 아직 내가 그 의도를 모른다는 점에서는, 설령 하나님이 뜻하신 바가 있다 하더라도 하나님이 실패한 것이 아닌가?

어머니의 죽음이 충격적이었던 것은 내가 그분을 무척 사랑했

---

3) 당시 나는 브레히트의 시 〈나의 어머니〉를 통해 어머니를 회상하곤 했다. "그녀가 죽었을 때, 사람들은 그녀를 땅 속에 묻었다.// 꽃이 자라고, 나비가 그 위로 날아간다…/ 체중이 가벼운 그녀는 땅을 거의 누르지도 않았다./ 그녀가 이처럼 가볍게 되기까지, 얼마나 많은 고통을 겪었을까!" 베르톨트 브레히트, 『살아남은 자의 슬픔』, 김광규 옮김(서울: 한마당, 1993), 14.

기 때문이기도 하지만, 고향 집에 막 돌아온 나에게, 아니 어머니와 한 집에 살고 있던 가족 모두에게 이 모든 일이 너무나 순식간에 일어났기 때문이다. 죽음을 맞는 사람에게도, 그를 떠나보내는 사람에게도 어느 정도의 시간이 필요하다. 하지만 죽음은 시간을 선물할 줄 모른다. 그에게는 정해진 약속이 없다. 언젠가는 죽음이 반드시 찾아온다는 사실 외에는, 그것이 언제 어떤 모습으로 찾아올지 아무에게도 알리지 않는다는 것, 그것이 아마 죽음의 가장 잔인한 모습이 아닐까?

사업을 하던 큰 매형은 사업차 사람들과 골프를 치다가 심장마비로 세상을 떠났다. 그때가 환갑을 맞아 큰누나와 여행을 다녀온 직후였다. 평온한 토요일 오후에 누가 그런 일이 일어날 줄 예상했겠는가? 라운딩 멤버가 없어 대타로 급하게 불려나간 자리에 죽음의 잔인함이 먼저 와 기다리고 있을 줄이야. 매형은 늘 건강했고 박력이 넘쳤다. 사업이 힘들어도 항상 당당한 모습을 잃지 않았다. 하지만 죽음 앞에는 장사가 없었다. 전화로 매형의 죽음을 전해들은 나는 차를 몰고 경주로 가는 내내 엉엉 소리 내 울었다.

이게 대체 무슨 일인가? 하나님은 도대체 무엇을 하고 계신단 말인가? 여기에도 하나님의 예정된 뜻이 있단 말인가? 나는 남편을 황망하게 떠나보낸 큰누나에게 건넬 어떤 위로의 말도 찾을 수 없었다. 아니, 누군가 나 자신을 제발 위로해주면 좋겠다는 생각뿐이었다.

장례식을 인도한 목사님은 "하나님의 뜻을 우리가 다 알 수 없지만, 그럼에도 이 모든 것은 하나님의 뜻 안에서 일어난 것"이라고 말했다. 나는 그 말에 절대 동의할 수 없었다. 하나님의 뜻이 무엇인지도 이해할 수 없었지만, 그분이 매형을 죽게 하셨다는 사실은 더 받아들이기 어려웠다. 도대체 하나님은 왜 사람들을 죽음으로 초대해야만 하는가? 매형이 지금 이 순간 하나님의 품에 안겨 있다고 할지라도 꼭 그것이 하나님의 부름의 결과여야만 하는 것인가? 매형의 사망 소식을 알지 못하는 사람들은 몇 주 뒤에도 매형의 핸드폰으로 전화를 걸어 태연하게 안부를 묻곤 했다. 우리 가족뿐 아니라 그들도 매형의 죽음에 당황하기는 매한가지였다. 황망하기만 한 이 죽음 앞에서 우리는 도대체 무슨 말을 할 수 있을까? 여기에도 하나님의 숨겨진 뜻이 있을까?

인간사의 모든 죽음은 우리 삶에 한계가 있음을 드러내며, 그 삶의 한계가 생각보다 가까이 있다는 사실을 알려준다. 죽음은 삶의 적이요 원수다. 삶 자체가 비존재의 바다에 둘러싸인 하나의 작은 섬인 것은 부인할 수 없는 사실이다. 삶이 아직 존재하지 않았던 적이 있었고, 더 이상 존재하지 않을 때가 있을 것이다. 이 '아직 없음'과 '더 이상 없음'의 비존재가 우리의 삶을 에워싸고 있다.

그럼에도 죽음이 삶의 친구가 될 수는 없다. 죽음과 삶은 함께 손잡고 나란히 거닐 수 없다. 둘은 동시에 존재할 수 없기 때문이

그날, 하나님은 어디 계셨는가

다. 철학자 하이데거는 인간을 "죽음에 이르는 존재"라고 표현했다. 하지만 살아 있는 인간의 삶은 매 순간 죽음의 위협을 넘어간다. 이런 점에서 인간은 죽음을 넘어서는 존재이며, 매 순간 죽음을 극복하며 살아가는 존재다. 설령 죽음이 생의 마지막 종착점이라고 하더라도, 죽음을 향해 거기에 도달하고자 사는 사람은 아무도 없다. 모든 인간의 삶은 죽음을 딛고 넘어가는 삶이다.

그렇지만 죽음은 초대받지 않은 강도처럼 우리의 삶에 무단으로 침입하여 우리를 곤혹스럽게 만든다. 설령 우리가 평상시에 죽음을 망각하고 산다 하더라도 죽음은 우리를 한시도 잊지 않는다. 우리 삶은 매 순간 죽음의 위협에 둘러싸여 있다. 우리가 그것을 감지하든 감지하지 못하든 말이다. 그러다가 어느 날 홀연히 사랑하는 이의 죽음 앞에 서게 될 때, 두 번 다시는 그 사람과 함께 말을 할 수도 손을 잡을 수도 없다는 사실을 깨닫게 될 때, 우리는 곁에 바짝 다가와 있는 죽음의 위력 앞에서 당황하며 절망하게 된다.

뜻밖에 찾아오는 죽음은 우리로 하여금 하나님의 뜻이 무엇인지를 고민하고 의심하게 만든다. 그럼에도 우리는 매사가 하나님의 뜻 안에 있다는 생각에서 벗어나지 못한다. 왜 그럴까? 하나님이 모든 일을 예정하신다고 생각하기 때문이다. 그래서 모든 것이 그분의 뜻 안에서 일어난다고 생각한다. 하지만 앞서 살펴보았던 예기치 못한 죽음과 관련지어볼 때, 이런 통속적인 신앙관이 얼마나 잔인한지, 또 얼마나 위태로운지를 성찰해보아야 한다.

영화 〈밀양〉[4]에서 우리는 주인공 신애가 복받쳐 오르는 분노와 실망을 참지 못하고 오열하며 신의 모든 약속과 말씀을 '거짓말'이라는 노랫말로 고발하는 장면을 만난다. 그녀는 하나밖에 없는 아들을 유괴범에게 잃어버렸다. 깊은 실의와 절망에 빠져 있던 그녀는 기독교 신앙에 귀의하면서 그 상실감을 조금씩 극복해나간다. 어느 날 그녀는 자기 아들을 유괴해서 죽인 범인을 신앙의 힘으로 용서하고자 일부러 교도소를 찾았다가 도리어 깊은 절망에 빠지고 만다. 그녀를 만나러 나온 범인이 너무나 태연한 얼굴로 자신이 이미 신에게 회개했고 용서를 받았다고 말했기 때문이다. 하나밖에 없는 아들을 잃은 그녀가 범인을 용서하기도 전에, 피해자인 그녀의 용서와는 전혀 무관하게 신이 먼저 그를 용서해주었다는 사실로 인해 이제 그녀는 더 이상 신을 믿을 수 없다. 왜 그런가? 만약 신이 피해자인 자신의 허락도 없이 범인을 용서해주었다면, 말할 수 없이 끔찍한 고통을 겪은 자신은 오히려 그 일에서 철저히 배제되어버린 게 아닌가? 이제 이 불행한 사건은 신애 자신과는 아무런 상관이 없는 일이 되어버렸다. 그저 신이 뜻했고, 신이 용서하면 그만인 일이 되어버린 것이다.

---

4) 〈밀양〉(이창동 감독, 전도연 주연)은 2007년 개봉되었다. 이 영화는 이청준의 단편소설 『벌레이야기』(1985)를 원작으로 삼았다. 이 영화를 기독교적인 시각에서 어떻게 보아야 할지에 대해서는 김영봉, 『숨어 계신 하나님』(서울: IVP, 2008)을 참조하라.

그날, 하나님은 어디 계셨는가

이처럼 우리가 세상에서 일어나는 모든 고통을 하나님의 뜻이라고 말함으로써 신을 옹호하고 변호할 수 있을지는 모르지만, 고통을 겪는 당사자는 바로 그것 때문에 철저히 배제되고 소외될 수 있다. 그러므로 무작정 신의 뜻을 앞세워 타인의 고통을 완화하고 위로하려는 종교적 노력은 오히려 상대에게 더 큰 고통을 안겨줄 수 있음을 명심해야 한다.

정말로 고통에는 미리 주어진 어떤 숨은 (신적) 의미란 것이 있는가? 우리가 통상 "고통에도 뜻이 있다"고 할 때, 그 '뜻'이란 것은 하나님께서 미리 계획한 어떤 의도나 의향을 말한다. 사실 고통에도 하나님의 뜻이 있다는 주장은 매우 친숙한 신앙적 표현이다. 보통 우리가 어떤 사건을 하나님의 뜻이라고 말하는 경우, 가해자는 스스로 지불해야 하는 책임으로부터 도피하고, 또 피해자는 사고와 재난을 숙명론적으로 받아들이며 삶을 체념하기도 한다. 그런데 이런 '숙명론적 뜻'이라는 이론 뒤에는 매사가 다 하나님의 뜻 안에 있다는 고전적인 신학논리가 버티고 있다. 그 결과 하나님의 뜻이라는 말을 사용함으로써 한편으로는 피해자가 자신의 고통과 억울함을 사회적으로 알리지 못하게 하며, 다른 한편으로는 가해자가 자신이 마땅히 져야 할 도덕적 책임을 회피하게 한다. 그야말로 하나님의 뜻과는 정반대의 삶을 살면서도 그것에 대해서 아무런 양심의 가책을 느끼지 못하게 하는 것이다.

하지만 정확히 말하자면 하나님의 뜻은 우리의 소원이나 바람을 뜻하지 않는다. 하나님의 뜻은 역사 안에서 끊임없이 일어나는 인간의 불순종과 반항에도 불구하고 반드시 실현될 하나님 나라를 지향하는 것과 관계되며, 그것은 이 땅에서 정의와 진리와 평화를 꽃피울 그분의 의지와 희망을 말한다.

그렇다면 우리 삶에서 때때로 일어나는 끔찍한 고통 안에 담긴 부조리와 모순이 과연 하나님의 뜻과 부합한다고 할 수 있을까? 더욱이 앞서 이야기한 것처럼 아무 죄 없는 어린아이들의 죽음을 염두에 둘 때, 우리는 이런 일들이 하나님의 뜻을 성취하는 것과는 하등의 상관이 없음을 직감할 수 있다. 아이들이 죽는 것이 하나님의 예정 안에서 일어난 것이라고? 하나님이 아이들이 그토록 일찍 죽도록 예정하셨다고? 하나님의 고상한 뜻을 위해서? 아니면 남겨진 자들에게 무슨 심오한 계시를 주시려고? 이런 생각이나 말은 참으로 잔인한 논리다. 거듭 말하지만 어린아이의 죽음과 같은, 도무지 보상될 수 없고 회복할 수도 없는 고통을 두고서 '하나님의 뜻'을 운운하는 일은 하나님을 무정하고 잔인한 존재로 만드는 악한 처사다.

지금까지 우리는 고통과 하나님의 뜻을 일방적으로 연결시키려는 대중적 방식에 근본적인 질문을 던졌다. 이를 통해 고통 앞에서 우리가 하나님의 뜻을 다 알 수 없을 뿐 아니라, 그 모든 것이 다 하나님이 뜻한 것은 아니라고 말했다. 이 세상에 존재하는 수많은 고통은, 세상만사가 다 신이 예정해놓은 조화와 질서에 따라 운행되는 것은 아니라는 사실을 깨닫게 한다. 이제 냉철한 눈으로 현실을 보면서 정직하게 의심하고 진지하게 질문해야 할 때가 왔다.

그렇다면 우리는 왜 교회 안에서 신앙의 이름으로 행해지는 이런 정직하지 못한 대답들에 익숙한 것일까? 대부분의 경우 사람들은 배운 대로 말한다. 즉 누군가가 우리에게 이런 대답들을 가르쳐준 것이다. 우리에게 익숙한 신앙 논리들은 이미 오래전에 위대한 기독교 신학자들에 의해 만들어진 것이며, 역사 속에서 다양한 형태로 변모하여 전통 혹은 정통이라는 미명하에 계승된 것이다. 하지만 기독교 역사에서 신정론이라고 이름이 붙여진 논리체계가 오늘날에는 무의미한 소음에 불과할 수도 있다는 사실을 잊지 말아야겠다.

4장

전통적인 대답들은
여전히
정당한가?

교회는 고통당하는 자들에게 지금까지 주로 어떤 대답을 제시해 왔는가? 시중에 나와 있는 신앙서적을 보면 하나같이 고통에는 (숨겨진) '뜻'이 있다고 말한다.[1] 그리고 여기서 말하는 뜻이란 마치 조개 속 진주와 같이 하나님이 고통이라는 조개 속에 어떤 좋은 복을 숨겨두셨음을 의미한다. 이런 논리를 따르면 하나님은 우리가 무언가를 깨닫도록 하시기 위해 고통을 주셨다거나, 우리를 성숙시키기 위해 고통을 허락하셨다는 말이 된다. 곧 우리가 겪는 고통의 의미가 현재는 모두 밝혀지지 않는다 하더라도 언젠가는 드러날 때가 올 것이며, 그때가 되면 우리는 고통에 담긴 하나님의 뜻을 이해하고 심오한 하나님의 의도에 고개를 끄덕이게 될 것이라는 말이다.

---

1) 대표적으로 옥한흠, 『고통에는 뜻이 있다』(서울: 국제제자훈련원, 1988).

이러한 생각 속에는 하나님께서 세상 모든 일에 일일이 개입하고 간섭하며 통제하고 계시다는 전통적인 유신론이 자리하고 있다. 이 관점에 따르면 당연히 고통도 하나님의 계획과 의도에 의해, 곧 하나님의 작정으로 인해 일어난다. 달리 말하면 내게 닥친 고통은 하나님의 의도와 무관한 것이 아니라, 하나님에 의해 적극적으로 허용된 것이다.

하지만 이러한 전통적인 생각이 오늘날 용인될 수 있을까? 20세기에 모습을 드러냈던 거대한 악들에 대해서도 우리는 여전히 이렇게 말할 수 있을까? 6백만 명의 유대인이 한 줌의 재가 되어버린 아우슈비츠의 대학살도, 서남아시아의 쓰나미도, 체르노빌의 원전사고와 일본 후쿠시마의 대재앙도 모두 선하신 하나님의 뜻에 따라 일어난 사건인가? 세월호 참사로 희생된 어린 학생들의 죽음도 진정 하나님이 원하셨던 일이란 말인가?

결코 아니다. 우리는 살아 있는 양심과 건전한 인격을 갖고서 더 이상 이렇게 말할 수 없다. 당연히 건전한 기독교 신앙을 갖고서도 이렇게 말할 수 없다. 하나님은 이런 일을 계획하지도 의도하지도 않으셨다. 이것이 우리의 믿음이요 양심이다. 하지만 전통적인 기독교 신학은 세상의 모든 고통의 원인을 하나님께 돌리는 실수를 범했던 것이 사실이다. 이와 관련하여 어떤 답변들이 있었는지 간략하게 살펴보자.

이보다 더 좋은 세계는 없다

먼저 우리는 라이프니츠(G. W. Leibniz, 1646-1716)의 "이보다 더 좋은 세계는 없다"는 주장을 살펴보려고 한다. 그는 오늘날과 같은 의미에서의 신학자는 아니지만, 신앙과 이성을 조화시키려고 했던 탁월한 사변가였고, 수학과 현실 정치에도 일가견이 있는 사람이었다. 고난과 관련된 모든 신학적·철학적 답변을 우리는 신정론(神正論)이라고 부르는데, 사실 신정론이란 명칭은 라이프니츠에게서 유래했다. 그는 1710년에 출간한 자신의 책 제목을 "신정론"이라고 이름 붙였다.[2] 신정론은 고난과 하나님의 선함과 전능함이 빚어내는 트릴레마(Trilemma)의 문제에 해답을 제시하려는 시도들이다. 트릴레마에 대한 최초의 분명한 문제제기는 에피쿠로스(Epikuros, 기원전 341-270)에게서 찾을 수 있다.

신은 악을 제거하기를 원하시지만 그렇게 할 수 없든지, 아니면 그렇게 할 수 있는데도 하기를 원치 않는 것이다. 그것도 아니면 신은 악을 제거할 수 없으며 또 그렇게 하기를 원치 않든지, 아니면 그는 그렇게 할 수도 있으며 하시기를 원하신다. 만약 그가 원하지만 할 수 없다면,

---

2) G. W. Leibniz, *Die Theodicee*, übers. von A. Buchenau, in: Philosophische Werke Bd. 4(Philosophische Bibliothek Bd. 71) (Leipzig: Verlag von Felix Meiner, 1925). 원제: *Essais de théodicée sur la bonté de Dieu, la liberté de l'homme et l'origine du mal*(1710).

그는 약해서 신으로서 적합하지 않다. 만약 그가 할 수 있지만 하기를 원치 않는다면, 그는 질투하는 것이며 이는 신에게 낯선 것이다. 만약 그가 원치 않고 할 수도 없다면, 그는 질투하면서도 약하고 따라서 신이 아니다. 하지만 만약 그가 신에게만 적합한 것을 원하고 또 할 수 있다면, 도대체 악은 어디서 오며 그는 왜 악을 제거하지 않는가?[3]

하나님이 전능하시다면 악을 제거할 능력이 있어야 하고, 하나님이 선하시다면 악을 원치 않으실 것이다. 하지만 기독교 신앙은 하나님이 전능하신 동시에 선하시다고 믿지 않는가? 만약 하나님이 전능하시고 선하시다면, 논리적으로 악은 이 세상에 존재할 수 없다.

서양의 신학사와 철학사를 관통해왔던 이 난해한 문제에 대해, 라이프니츠는 신의 선함과 이 세상의 고통 사이에는 아무런 모순이 없다고 주장한다. 그의 주장은 신앙과 이성 사이에 모순이 전혀 없음을 보여주려는 시도의 일환이었기에, 그저 무조건 믿어야 한다는 식의 주장과는 다르다. 그는 신앙에 합리적인 근거를 제공할 수 있다고 믿었다. 사실 그의 논증은 굉장히 특이하고 복잡한

---

3) 에피쿠로스의 신정론에 대한 의문제기는 Lactantius, *De ira Dei*, 13, 20 이하에서 라틴어로 인용되고 있다. 여기서는 Jan Bauke, "Gottes Gerechtigkeit? Hinweise zur Theodizeeproblematik," in: *Zeitschrift für Theologie und Kirche*, 102(2005), 333-351, 336에서 재인용.

그날, 하나님은 어디 계셨는가

형이상학적 가설로서의 '모나드론'을 전제하지만, 여기서는 신정론과 관련된 핵심 논증만을 살펴보기로 하자.

그의 논증을 요약하면 다음과 같다. 우리가 믿는 신은 선한 분이시다. 그분은 또한 전능한 분이시다. 그분이 세상을 만드셨다. 전능한 신은 세상을 만드실 때 다양한 세상을 기획하고 디자인하실 수 있었다. 신은 자신이 만들 수 있는 다양한 세상 가운데서 가장 좋은 세상을 선택해 창조하셨을 것이다. 왜냐하면 그분은 선한 분이시기 때문이다. 따라서 신이 창조한 세상은 신이 창조할 수 있는 세상 중에 가장 좋은 세상임에 틀림없다. 우리가 신이 선하고 전능한 분이라고 믿는다면, 우리는 신이 창조한 세상에 대해서도 그렇게 믿어야 할 것이다. 우리가 살고 있는 세상은 신이 창조할 수 있는 세상 중에서 최상의 세계다.

하지만 이런 질문이 가능하다. 우리가 살아가는 세상에는 여전히 악이 있지 않은가? 왜 신은 악 없는 세상을 만들지 못했는가? 신은 악이 없는 세상을 만들 수 있지 않았을까? 라이프니츠는 물론 신이 그런 세상을 만들 수 있었다고 말한다. 하지만 만약 신이 악이 전혀 없는 완전한 세상을 만들었다면 가장 완전한 신과 동일한 현실이 또 하나 존재하게 되는 것이기에, 신은 그렇게 할 수 없었다. 그래서 신은 차선책으로 불완전한 현실을 창조하기로 결심한다. 그렇지만 불완전한 세계가 곧 악한 세계는 아니다. 선하신 신에 의해 계획되고 창조된 세계는 여전히 선한 세상이며 이보다 더 좋은 세계는 생각할 수 없을 정도로 좋은 세계임에 틀림없다. 나아가 라이프니츠는 악을 경험할 수 있는 세상이 악이 없는 세상보다 더 좋은 세상이라고 말한다. 왜 그런가? 그의 낙천적인 논법에 따르면, 인간은 악으로 인해 가장 귀한 구세주를 선물로 받았기 때문이다. 그리하여 그는 전통적인 찬송가를 인용하면서 이런 식으로 말한다. "아담의 범죄는 복된 범죄(*felix culpa*)다. 그로 인해 그리스도를 얻었다."[4]

오늘날에는 라이프니츠처럼 이 세상이 최상의 세계라고 말하기 어렵다. 라이프니츠는 신의 선함과 지혜로움과 전능성을 대전제로 삼고, 이러한 전제 아래서 세상에 악이 있다는 사실에 대해 신을 변호한다. 그에게 악은 신의 존재나 속성을 공격할 수 있는 치명적인 가시가 되지 못한다. 오히려 악은 최상의 세계를 위한 필수조건처럼 이해된다.

하지만 우리는 정반대의 질문을 던질 수 있다. 세상에 흉측한 악들이 기승을 부리는데, 어떻게 신이 존재한다거나 그 신이 선하고 전능하다고 말할 수 있단 말인가? 치명적인 고통으로 신음하는 자에게 이 세상은 결코 최상의 세계일 수 없다. 인간의 악은 최

---

4) G. W. Leibniz, *Die Theodicee*, 10절: "O certe necessarium Adamae peccatum/ Quod Christi morte deletum est!/ O felix culpa, quae talem ac tantum/ Meruit habere redemptorem"(오, 진정 아담의 범죄는 필연적이었지. 하지만 그리스도의 죽음을 통해 제거되었네! 오, 복된 범죄여. 너로 인해 이토록 위대한 구원자를 얻게 되었구나).

그날, 하나님은 어디 계셨는가

상의 세계를 위한 필수조건이 아니며, 구원자를 선사하는 복된 범죄일 수도 없다.

라이프니츠의 낙천적인 논증은 1755년 11월 1일 리스본에서 발생한 대지진으로 인해 깡그리 무너지고 만다.[5] 그때는 이미 라이프니츠가 세상을 떠난 뒤였지만, 그가 전개한 신에 대한 변론으로서의 신정론은 프랑스 작가 볼테르의 『캉디드 혹은 낙관주의』라는 작품 속에서 보기 좋게 조롱을 당했다.[6] 이 작품 속에서 라이프니츠를 대변하는 철학자 팡글로스는 우리가 살아가는 이 세계가 모든 일이 신의 예정에 따라 조화롭게 전개되는 최상의 세계라고 변호한다. 하지만 리스본의 대지진으로 대성당과 도심지가 파괴되어 수만 명의 사람들이 목숨을 잃었다는 사실을 알고 있는 독자들에게 그의 논증은 웃음거리가 되었다. 팡글로스는 자신의 신념과는 달리 최악의 상황에 처했으며 결국 교수형에 처해졌다가 해부당한 채로 살아나는 기괴한 운명을 맞이한다.

라이프니츠의 논증에 나타나는 가장 큰 문제는 무엇인가? 그는 신을 변호하기에만 급급한 나머지 고통당하는 자의 눈물을 응시

---

5) 포르투갈 리스본 대지진은 1755년 11월 1일 성인을 기리는 가톨릭의 축일인 만성절에 일어났다. 세 차례의 지진파로 대성당을 비롯한 도심지가 모두 파괴되었고, 10미터 높이의 지진해일이 해안을 덮쳤다. 이 사건으로 최소 3만 명에서 최대 10만 명이 사망한 것으로 추산된다.

6) 볼테르, 『캉디드 혹은 낙관주의』, 이봉지 옮김(파주: 열린책들, 2009), 원제: *Candide ou l'Optimisme*(1759).

하지 못했다. 그의 차디찬 이지적 논증이 신의 선함과 지혜로움을 변호할 수 있을지는 모르지만 결과적으로는 신을 비인격적이고 냉정한 존재로 만들어버렸다.

그뿐 아니라 그의 논증은 순환논리의 오류에 빠져 있다. 우리는 이 세상에 고통을 허락하시는 신이 정말로 선하신가를 묻고 있다. 이러한 물음이 가능한 것은 우리가 경험하는 현실에 고통이 실재하며 또 그 고통이 참혹하기 때문이다. 하지만 라이프니츠의 논증은 현실에서 실제로 맞닥뜨리는 고통의 문제에서 출발하지 않는다. 오히려 그는 전통적인 관념, 곧 '신은 선하시고 지혜로우시며 전능하시다'(A)라는 명제에서 출발한다. 그리고 그는 명제 A에 의문을 제기하기보다는 아무런 논리적 근거도 없이 이 명제가 무조건 참이라고 가정한다. 그리고 명제 A가 참이기 때문에 그 귀결로 신이 만드신 '세계도 선하고 아름답다'(B)라는 명제를 끄집어낸다. 또한 명제 A와 명제 B가 참이기 때문에 '이 세상에 일어나는 고통조차도 아름다운 세계의 구성요소에 불과하다'(C)라는 추론을 덧붙인다. 하지만 우리는 명제 A가 과연 참인지를 물었고 그것이 참이 아닐 반증 가능성으로 명제 C를 부정했다. 즉 이 세상은 결코 아름답거나 선하지 않다고 말했다. 하지만 라이프니츠는 이런 생각을 전혀 하지 못했던 것 같다. 그의 낙관론적인 논법은 명제 A를 참으로 긍정하고 이것에서 추론되는 나머지 명제들 역시 참으로 인정할 뿐, 이에 대해 현실의 고통에 근거하여 가시 돋

친 의문을 제기하지 않는다. 따라서 그의 추론이 내적으로는 논리적 정합성을 갖추고 있다 할지라도, 우리가 살아가는 현실이 제기하는 의문 앞에서는 정당성을 보장받기 어렵다.

다소 과장스러울 수 있지만 이런 생각을 해볼 수 있다. 평소 자신이 매우 건강하다고 생각해왔던 어떤 사람이 뜻밖에 치명적인 부상을 당해 생명에 위협을 느끼고 있다고 가정해보자. 그에게 누군가가 다가와서 상처가 깊으니 빨리 병원으로 가야 한다고 말한다. 하지만 그는 이렇게 대답한다. "저는 원래 건강한 사람입니다. 여기 난 상처는 예상 밖의 것이죠. 하지만 이 상처가 제 건강을 해칠 순 없습니다. 왜냐하면 저는 원래 건강한 사람이니까요. 오히려 이 상처 때문에 제가 정말 건강하다는 사실이 더욱 입증될 것입니다. 저는 병원에 갈 필요가 없어요. 그리고 설령 그로 인해 죽는다 하더라도 저는 여전히 건강한 사람으로 죽는 것입니다. 왜냐하면 저는 병원에 가지 않음으로 인해 병자 취급을 받지 않았으니까요." 라이프니츠의 논증은 이런 순환논리가 아닌가? 그에게는 확고한 진리이자 전제였던 하나님의 선하심과 지혜로우심이 오늘날 우리에게는 의심스러운 대상이 되지 않았는가? 정말 우리가 살아가는 세상은 이보다 더 좋을 수 없는 그런 세상인가? 우리는 정말 지금 우리가 살고 있는 현실보다 더 좋은 세상을 만들어서는 안 되는가?

모든 잘못은 너에게 있다

고통의 문제를 다루는 또 다른 전통적인 대답이 있다. 그것은 모든 고통이 죄의 결과라는 주장이다. 하나님이 만드신 세상에는 악이 존재할 수 없다. 하나님은 선하시기 때문에 당연히 선한 것들만 만드셨다. 아니 역으로 하나님이 만드신 것은 모두 다 선하다. 그렇다면 도대체 어디서 악이 온 것일까? 악은 인간의 타락 때문에 발생했다.

즉 악이란 하나님이 만드신 피조물 중 하나가 아니라 인간의 타락 때문에 우주 안에 등장한 것이다. 그것은 창조된 존재물이 아니다. 오히려 창조되어 존재해야 할 그 무엇의 결핍이다. 마땅히 있어야 할 것이 없는 것, 그것이 악이다. 따라서 악은 하나님이 창조하신 선한 존재의 결핍이다. 빛이 약하면 어둠이 생기듯이, 하나님이 만드신 피조물에 선함이 결여될 때 발생하는 것이 곧 악이다. 아우구스티누스는 이를 다음과 같이 표현했다.

전에 있던 것보다 덜한 존재는 곧 악이다. 그 이유는 그것이 존재한다는 점에서가 아니라 [본래 갖추어야 할 존재보다] 덜한 존재라는 점에서다. 그리고 전에 있던 것보다 덜한 존재라는 이유에서 그것은 죽음을 향한다.[7]

---

7) A. Augustinus, *De vera religione* XIII 26: 성염 역주, 『참된 종교』(왜관: 분도출판사, 1989), 63-69.

그날, 하나님은 어디 계셨는가

예를 들면 이런 이야기다. 양말은 좋은 것이다. 하지만 양말에 구멍이 났을 때, 그 구멍은 양말을 구성하는 천에 원래 속해 있던 것이 아니다. 오히려 양말의 천이 결핍된 상태다. 양말의 구멍은 분명히 존재한다. 하지만 그 구멍은 [있어야 할] 양말의 천의 결핍을 나타낸다. 악도 마찬가지다. 악은 분명 없는 것이 아니다. 하지만 그렇다고 실체를 갖고 존재하는 것도 아니다. 악은 다만 존재와 선의 부재를 표시할 뿐이다. 아퀴나스에게도 악은 존재의 결핍이라고 정의된다.[8]

악의 본질이 이렇게 규명될 때, 더 이상 악은 모든 존재하는 것을 존재하게 하시는 하나님에게서 기원했다고 할 수 없다. 즉 하나님은 악을 만드시지 않았다. 그렇다면 악은 어디서 온 것일까? 악의 기원에 대한 전통적인 대답은 이렇다. 바로 "악은 자유의지의 왜곡에서 기인했다"는 것이다. 하나님은 인간에게 자유의지를 주셨다. 자유의지는 그 자체로는 선하다. 왜냐하면 하나님이 주신 것이기 때문이다. 하지만 하나님이 주신 선한 의지를 가지고 존재 자체이고 선함 자체이신 하나님을 욕구하지 않고 오히려 인간 존재보다 못한 존재를 욕망하는 것이 자유의지의 왜곡이고 변절이며 존재 질서에 대한 반역이다. 소위 도덕적 악(*malum morale*)의

---

8) 토마스 아퀴나스, 『신학대전6』, 정의채 옮김(서울: 바오로딸, 1999), 229: "악이 무엇인가는 선의 특질에서 이해되어야 한다.…악은 어떤 존재이거나 어떤 형상 내지는 본성을 표시하는 것일 수 없다. 따라서…어떤 선의 부재가 표시된다는 귀결이 남게 된다."

근원은 자유의지의 왜곡에서 발견된다. 이러한 악의 원초적인 기원을 추론해가면 아담의 범죄에 이른다. 기독교 신학 전통은 이를 원죄(peccatum originale)라고 부른다. 즉 아담의 범죄로 인해 이 세상에 악이 들어왔다. 원죄가 어떻게 인류 전체로 퍼져나갔는가 하는 문제는 또 다른 신학적 논의에 속하지만, 이러한 신학적 전통은 고통과 악의 원인을 인간에게서 찾음으로써, 하나님을 악의 기원에 대한 책임에서 면제시킨다.

또 한편 인간의 자유의지의 남용과는 무관해 보이는 자연적 재앙은 어떻게 이해해야 하는지를 물어볼 수 있다. 전통적으로 질병이나 자연재해를 물리적 악(malum physicum)이라고 부르는데, 전통적인 신학에서는 물리적 악을 인간의 죄악을 징벌하고자 하는 하나님의 정의로운 심판으로 이해했다. 즉 자연재해는 인간에게는 끔찍한 것이지만 하나님 편에서는 정의의 실현이라고 평가한 것이다. 따라서 이 세상에서 겪는 고통에 대해 인간은 아무것도 따질 수 없다. 원죄 교리에 따라 모든 사람은 죄인이며, 이 세상의 삶은 그 죄에 대한 심판 아래에 놓여 있기 때문이다.[9]

이런 전통적인 설명에 의하면, 우리는 더 이상 고통에 대해 하

---

9) 이러한 생각은 대표적으로 아우구스티누스의 『신국론』, 성염 역주(왜관: 분도출판사, 2004)에 잘 나타나 있다. "실제로 사멸할 인간들의 삶 자체는 오직 형벌일 뿐이다. 성서에 '땅 위에서 살아가는 인생은 한낱 시험이 아니더이까?'라고 단언하는 어조로 적혀 있듯이, 인생은 오로지 시험이다"(2485).

그날, 하나님은 어디 계셨는가

나님께 따져 묻는 것조차 불가능하다. 혹 질문을 한다 해도 돌아오는 대답은 뻔하다. 결국 "잘못한 놈이 벌을 받는 것인데, 그게 무슨 대수냐"는 것이다. 종교개혁자 마르틴 루터도 로마서 9장에 등장하는 토기장이와 토기의 관계를 염두에 두고서, 고통의 문제에 대해 하나님께 이성적으로 따져 묻는 어리석음을 범하지 말아야 한다고 지적했다. 루터에 따르면 신앙은 "비록 하나님이 모든 인간을 지옥으로 보낼지라도 하나님이 선하다고 믿는 것이다."[10]

과연 우리는 오늘날에도 이렇게 말할 수 있을까? 위대한 신학자 루터의 말이라고 해서 그것을 액면 그대로 되풀이하면 이것이 신학적으로 타당할까? 내게는 아우구스티누스의 원죄론에 근거한 대답이나 루터의 토기장이 비유에서 나온 대답이나 둘 다 너무 비인간적이고 무정한 대답처럼 들린다. 이런 식의 사유는 하나님을 보호하고 정당화하기 위해서 인간과 세계의 고통을 과소평가하는 우를 범하고 있다. 과연 우리가 믿는 하나님은 자신의 정당성을 입증하기 위해서 창조세계 전체를 희생시켜도 무방한, 그러고도 홀로 행복할 수 있는 존재일까? 나는 그 점이 극히 의심스럽다.

물론 루터가 보다 깊은 차원에서 신앙의 역설(paradox)에 대해 말한 것이라고 할 수 있다. 그러나 여기서 내가 진짜 지적하고 싶

---

10) 마르틴 루터, 『루터 선집, 제6권 교회의 개혁자(II)』, 지원용 편집(서울: 컨콜디아사, 1982), 198.

은 것은 루터가 틀렸다는 것이 아니라, 루터의 이런 신학적 견해를 문자적으로 받아 옮기기에만 급급한 우리 자신의 무비판적이고 수동적인 자세다. 신학은 성서의 특정 구절이나 신학책의 한 대목을 발췌해서 앵무새처럼 되풀이하는 작업이 아니다. 루터의 말이든 칼뱅의 말이든, 심지어 예수님의 말씀이라 할지라도 그 표현의 진정한 의도와 문맥을 해석하지 않고 고통을 겪고 있는 자에게 문자적으로 대입하고 적용하는 것은 종종 정신적·종교적 폭력이 될 수 있다. 아무 잘못도 없는 순진무구한 어린아이들이 얼굴도 모르는 어른들의 폭력에 무참히 희생되었는데, 그 희생이 아이의 잘못에 대한 하나님의 정의로운 심판이라고 태연하게 말할 수 있을까? 이러한 전통적인 답변들은 고통당하는 자에게 더 잔인하고 가혹한 고통을 안겨줄 뿐이다.

고통은 유익하고 아름답다

또 다른 전통적인 답변은 이것이다. 바로 고통은 더 큰 유익을 이루기 위한 과정 혹은 수단이라는 것이다. 여기에는 하나님이 악을 도구로 사용하셔서 선을 이루신다는 생각이 함축되어 있다. 더 나아가 악의 도구화라는 이런 생각은 하나님께서 악을 통해 세상을 더 아름답게 만드신다는 소위 '미학적 신정론'으로 이어진다. 음악에서 불협화음이 그 자체로는 아름답지 않더라도 곡 전체를 아름답게 만드는 하나의 요소가 되듯이, 하나님은 악을 통해 오히려

그날, 하나님은 어디 계셨는가

세상을 더 아름답게 만드신다는 것이다. 하지만 유한한 인간은 이 거대한 하나님의 우주적 계획을 이해할 수 없기 때문에 부득이하게 삶의 한 단면에만 집착한다는 것이다.

이런 질서의 아름다움이 우리를 기쁘게 하지 못하는 데는 까닭이 있다. 그것은 우리가 사멸하는 인간 조건으로 우주의 한 부분에 수놓아져 있으므로 우주 전체를 한눈에 감상할 능력이 없기 때문이다. 우리의 마음에 들지 않는 분자들마저 우주 전체에 제격으로 아름답게 조화를 이루고 있는데 우리는 그 전체를 감상할 수가 없다. 우리는 창조주의 섭리를 관조하기에 적합한 존재가 못 되므로 차라리 그 섭리를 믿으라는 계명이 우리에게 내려졌다. 그것은 인간적 만용의 허구에 사로잡혀 저토록 위대한 장인의 업적을 시비하는 일을 막으려는 것이다.[11]

철학자 레비나스는 이러한 전통적인 악의 유익론에 반대한다. 그는 "무익한 고통"(useless suffering)이란 글에서 고통에 대한 현상학적 기술을 통해 고통은 정확히 말하면 "악"이며 "무의미"라고 꼬집었다. 그에 따르면 "모든 악은 고통과 결부"되며 "삶과 존재의 파행"이다. 또한 "고통이란 악"은 "부조리의 돌출이자 부조리의 가

---

11) 아우구스티누스, 『신국론』, 1251.

장 심오한 표현이다."[12] 결국 고통은 삶에 아무런 의미도 줄 수 없으며 철저히 무익하다. 레비나스의 이런 진단은 정확하고 예리하며 적실해 보인다. 고통은 그 자체로는 아무런 쓸모가 없다. 실상레비나스는 고통에 대한 어떤 방식의 찬양과 미화도 거부한다. 고통은 전혀 아름답거나 환영할 만한 것이 아니기 때문이다.

하지만 일상의 경험을 반추해볼 때, 레비나스의 주장과는 달리 어떤 고통은 쓸모가 있어 보인다. 예컨대 손에 가시가 박혀서 따끔거릴 때, 우리는 그 고통 때문에 손에 가시가 박혔다는 것을 인지하고 손에서 가시를 뺄 수 있다. 그 경우 작은 고통은 더 큰 사고를 예방하는 데 도움이 된다.

그뿐이 아니다. 어떤 고통은 후일 더 큰 이익으로 보상되기도 한다. 예를 들면 대부분의 부모는 자녀를 위한 투자는 아끼지 않으면서도 정작 자신들을 위해서는 덜 먹고 덜 쓰며 힘든 나날을 보낸다. 그러나 그 결과 (항상 그런 것은 아니지만) 자녀들이 사회적으로 성공하는 모습을 보면서 자신들이 지불한 수고에 대한 보람을 느끼곤 한다. 고진감래(苦盡甘來)라는 말도 있지 않은가. 이처럼 훗날의 성공을 위해 현재 뼈를 깎는 고통을 감내하는 이들이 있다. 그런 관점에서 보면, 모든 고통이 쓸모없는 것이라고 말하기

---

12) Emmanuel Levinas, "Useless Suffering," trans., Michael B. Smith & Barbara Harshav, in *Entre nous: Thinking-of-the-Other*(New York: Columbia University Press, 1998), 91-101. 인용은 92-93.

그날, 하나님은 어디 계셨는가

는 어려울 것이다.

하지만 이렇게 생각해보자. 고통스러웠던 시절 이후에 장밋빛 인생이 찾아온다고 해서 그 고통 자체가 반드시 필요하며 유쾌하고 즐거운 것이라고 말할 수 있는가? 예전의 고통이 없었더라면 지금의 기쁨이 없었을 수도 있지만, 그렇다고 해서 그 고통 자체가 반드시 필연적이라고 할 수는 없으며, 고통 자체를 반갑게 맞이해야 할 기쁨이라고 여길 수도 없다. 과거의 고통스러운 상황을 현재의 만족과 감격으로 바꾸는 데는 성실한 노력과, 어쩌면 약간의 행운이 필요했던 것이지 고통 자체가 필요했던 것은 아니다. 해산의 고통이 지난 후에야 새 생명을 품에 안는 기쁨을 맛볼 수 있다고 하지만, 그렇다고 해서 그 고통 자체가 기쁨을 가져다주는 것은 아니며, 따라서 고통 없는 해산을 거부할 이유도 없다.

하나님께서 악을 선용하신다는 생각을 부정할 필요는 없지만, 이때도 주의할 것이 있다. 하나님께서 선을 이루기 위해 필연적으로 악을 허용하셨다거나 악이라는 도구를 반드시 필요로 하신다는 주장과, 하나님께서 우리가 당면한 악한 일조차도 선하게 바꾸실 거라는 신앙적 희망은 명확하게 구분되어야 한다. 바꿔 말하자면, 하나님은 우리로 하여금 악한 일(예컨대 중병으로 입원)을 극복하게 하시며 이를 선한 일(예컨대 병원선교)에 기여하도록 하시지만, 거꾸로 선한 일을 하도록 반드시 악한 일을 우리에게 허락하시는 것은 아니다. 하나님은 악을 선용하신다. 하지만 선을 위해 필연적으로 악을 전제하지는 않으신다.

이와 관련해서 "현재 우리가 겪는 고난은 장차 우리에게 나타날 영광에 비하면 아무것도 아니다"(롬 8:18)라는 말씀을 어떻게 이해해야 할까? 이 구절은 현재의 고난 그 자체를 수긍하거나 미화하고 찬양하라고 말하고 있는가? 아니면 다가올 미래의 영광을 생각하며 현재의 고난을 넘어서고 극복하라고 말하고 있는가? 성서는 결코 고통 그 자체를 미화하지 않는다. 고통은 아프고 쓰라리고 괴로운 것이며 따라서 견디고 넘어서야 할 대상이다.

많은 그리스도인들이 이 점을 오해하고 있는 듯하다. 심지어 어떤 이들은 그리스도를 위해 순교당하는 축복에 동참하자고 말한다. 확실히 그리스도를 섬기는 일에는 고통이 따르기 마련이다. 하지만 고통을 받을 목적으로 하나님의 일을 해서는 안 된다. 고통은 감내해야 할 대상이지 환영해야 할 대상은 아니다. 십자가의 죽음을 앞둔 예수께서도 고난의 잔을 자신에게서 거두어달라고 하지 않았던? 하나님의 일을 함에 있어서 십자가가 없다면 부활도 없다는 말은 현실적이다. 그렇지만 십자가 자체, 즉 예수께서 당했던 그 부조리한 고통의 시간을 당연한 것으로 긍정하라는 말은 아니다. 십자가는 부조리한 현실에 대한 고발이며, 부활을 통해 극복되어야 할 대상이다.

고통은 그 자체로는 쓸모가 없다. 그렇다면 고통을 쓸모 있게 만드는 것은 무엇일까? 아니 고통스러운 상황을 먼 훗날 아름다

그날, 하나님은 어디 계셨는가

운 추억거리나 인생의 소중한 기억으로 만드는 것은 무엇일까? 그것이 고통 그 자체는 아닐 것이다. 고통은 그 자체로는 쓸모가 없지만, 지나간 고통을 그나마 의미 있게 만드는 것은 고통을 통과한 그 이후의 삶이다. 고통을 스스로 짊어지고 새로운 미래를 열어보고자 하는 삶의 의욕과 용기야말로, 그 자체로는 아무런 의미도 지닐 수 없는 고통을 의미와 희망으로 수놓을 가능성을 그 안에 내포하고 있는 것이다. 고통은 그 자체로는 모든 아름다운 빛을 흡수해버리는 암흑과 같지만, 미래의 삶은 암흑 속에서 다시금 아름다운 빛을 끄집어낼 놀라운 가능성을 배제하지 않는다.

분명 미학적 신정론은 현재의 고통을 더 넓은 지평에서 극복할 힘을 준다는 점에서 나름 의미가 있다. 하지만 내 아이의 죽음이 하나님의 거대한 섭리를 장식하는 하나의 도구에 불과하다면, 미학적 신정론은 참으로 잔인한 설명일 수밖에 없다.

지금까지 우리는 신정론과 관련한 기독교 신학의 전통적인 답변들을 간단히 살펴봤다. 고통의 문제를 온 인류에게 전가된 원죄에서 찾는 가운데 죄에 대한 하나님의 정의로운 심판으로 이해하려는 시도나, 우리가 살아가는 이 세상을 "이보다 더 좋을 수 없는 세상"으로 낙관하는 태도는 오늘날 더 이상 정당성을 얻기 어렵다. 더 큰 선을 이루기 위한 악의 선용이라는 생각을 통해 고통을 미화하려는 시도도 현실에서는 매우 잔인한 짓에 불과하다. 레비나스가 지적하는 것이 바로 그것이다. 우리가 겪는 고통 자체를 의미 있게 만들려고 하는 그 어떤 시도도 고통 자체만큼이나 무익하다. 고통의 의미는 그 자체로 찾을 수 있는 것이 아니고, 기독교의 형이상학이 꾸며놓은 체계 안에서 찾을 수 있는 것도 아니다. 그렇다면 고통에는 아무런 뜻도 없는 것일까? 우리는 이렇게 말해야 한다. 고통의 의미는 미리 주어져 있는 소여성(所與性)이 아니다. 오히려 고통의 의미는 다만 고통을 넘어서 삶의 미래 속으로 돌진할 때에만 발견할 수 있는 가능성일 뿐이다. 그렇다면 도대체 이 가능성은 어디서 오는 것일까?

하나님은 알고 계셨지만 책임은 없다

전통적인 신정론의 해법들은 고전 유신론에 근거하고 있다. 고전 유신론이란 플라톤과 아리스토텔레스에게서 물려받은 "철학자들의 신"[13]에 기독교적 신앙을 입혀놓은 형이상학적 신관이라 할 수 있다. 고전 유신론에 따르면 하나님은 무엇보다도 세상 만물을 주관하는 전능자로 이해된다. 전능자는 현존하는 사물들에 대해 절대적인 힘을 행사할 뿐 아니라 시간이 시작되기 전에 이미 모든 것

---

13) "철학자들의 신"이란 표현은 바이셰델에게서 따온 말로서, 그는 이를 통해 이 세계를 형이상학적으로 신에게 근거시키며, 역으로 신을 이런 형이상학적 체계에 근거시키려는 서구 형이상학의 역사를 비판한다. Wilhelm Weischedel, *Der Gott der Philosophen, Grundlegung einer Philosophischen Theologie im Zeitalter des Nihilismus*, Bd. 1: Wesen, Aufstieg und Verfall der Philosophischen Theologie (Darmstadt: WGB, 1971) 참조.

그날, 하나님은 어디 계셨는가

을 앞서 보고, 앞서 결정해놓는다. 하지만 신의 예정은 인간의 자유의지와 양립불가능해 보인다. 모든 것을 신이 예정했다면, 어떻게 악이 인간의 자유의지에 의해 발생했다고 하면서 그것을 인간의 책임으로 돌릴 수 있을까? 오히려 신이 악의 원인자가 아닌가?

하지만 아우구스티누스와 아퀴나스는 신의 예정과 인간의 자유의지가 상호 모순적이지 않다고 보았다. 이들에 따르면 하나님은 우리가 무엇을 하실지 미리 알고 계시지만(예지), 우리가 그렇게 하도록 강제하지는 않으신다. 이들은 예정보다는 예지를 강조함으로써 예정과 자유의지 사이의 모순을 피하면서, 악의 원인을 하나님이 아니라 인간에게 돌려놓으려고 했다.

젊은 시절 한때 마니교에 심취했다가 기독교로 개종한 위대한 신학자 아우구스티누스는 『자유의지론』[14]을 통해 하나님의 예지와 인간의 자유의지 사이의 모순과 파열을 잠재우고자 했다. 그에 따르면 하나님은 우리가 무엇을 할지 이미 알고 계신다. 하나님에 의해 예지된 사건은 반드시 일어나기 마련이다. 하지만 예지된 그 사건은 인간의 자유의지와 모순 없이 일어난다. 하나님은 예지하고, 그 예지된 사건은 필연적으로 일어나지만, 그 사건의 원인은 자유의지에 있다. 이것이 어떻게 가능한가? 예를 들어 고수와 하수가 바둑을 둔다고 치자. 고수가 계획적으로 한 수를 둔다. 고

---

14) 아우구스티누스, 『자유의지론』, 성염 역주(왜관: 분도출판사, 1998).

수는 자신이 포석을 전개하면 하수가 어떤 식으로 반응할지 알고 있다. 하지만 하수는 그 의도를 알 리가 없다. 예상했던 대로 하수는 고수의 의도대로 돌을 놓는다. 이처럼 하나님은 우리보다 훨씬 수가 높으신 분이다. 그분은 우리가 무엇을 할지, 즉 우리의 자유의지가 무엇을 선택할지 미리 알고 계신다. 그리고 우리는 그분이 예지하신 바대로 그렇게 한다. 아우구스티누스에 따르면 예지하시는 하나님은 강제하시는 분이 아니다.[15] 그분은 우리가 무엇을 선택할지 미리 알고 계셨을 뿐이다. 마찬가지로 나는 내 아들 동인이가 무엇을 좋아하는지 알기 때문에, 그에게 자유시간을 주면서 "너 하고 싶은 대로 해"라고 말해도 그가 무엇을 할지 알고 있다. 하지만 이런 논리가 부조리하고 무의미한 고통의 문제에 피할 길을 줄 수 있을까? 어떤 사람이 강도를 만나 죽을 것을 하나님이 아시면서도 그대로 방치하셨다면? 비록 하나님이 강제하시지는 않았다고 하더라도 모든 것을 미리 알고 계셨던 하나님에게는 책임이 없는 것일까?

한걸음 더 나아가 보자. 하나님이 미리 아셨다면, 그 일은 반드시 일어날 수밖에 없다. 인간 세상의 일기예보와는 달리 하나님에게는 예측에 어긋나는 일이 일어날 수 없기 때문이다. 결과적으로 예지와 예정은 서로 나눌 수 있는 것이 아니다. 그렇다면 어떤 사

---

15) 앞의 책, 291.

람이 강도를 만났을 때 그 일은 하나님이 미리 정해놓으신 것이라고 할 수 있다.

감히 전능자에게 따질래?

이 점에 있어 종교개혁자 루터와 칼뱅은 차라리 솔직했다. 이들은 예정과 자유의지의 양립가능성을 힘들게 모색하기보다는, 모든 일이 하나님이 다 예정하신 그대로 일어난다고 솔직하게 표현했다. 즉 이들은 하나님의 전능을 극단적으로 강조함으로써 인간의 자유의지를 무력화시키는 전략을 택했다. 루터는 에라스무스의 『자유의지론』(*Diatribe de libero arbitrio*, 1524)을 반박하기 위해 기술한 『노예의지론』(*De servo arbitrio*, 1525)에서 신의 자유와 전능을 앞세워 이렇게 말한다.

우리는 자유의지의 권리에 의해서는 아무 일도 할 수 없고, 도리어 하나님이 예지하신 바대로 그리고 그의 오류 없는 불변의 계획과 능력에 의해 행위하도록 인도하시는 바대로 행동하게 된다는 점을 인정하게 된다. 그러므로 우리는 선택의 자유와 같은 것은 전혀 존재하지 않는다는 사실이 만민의 마음속에 쓰여 있음을 알게 된다.[16]

---

16) 마르틴 루터의 『노예의지론』의 번역본으로 『루터 선집, 제6권 교회의 개혁자(II)』, 지원용 편집(서울: 컨콜디아사, 1982), 31-321, 215에서 인용.

루터가 볼 때 신의 예정과 인간의 자유의지의 양립가능성은 억지주장에 불과했다. 그는 깔끔하게 인간의 자유를 포기하고 신의 절대주권을 강조한다. 그리고 이는 칼뱅의 『기독교 강요』(Christianae Religionis Institutio, 1536)에서 가톨릭의 공로사상에 대한 반박에 잘 나타난다.[17] 칼뱅은 예정론을 가톨릭의 공로설과 스토아적인 운명론의 극복뿐 아니라 신의 전능과 그의 통치를 강조하기 위해 사용하며,[18] 세계 내의 모든 사건이 신적 결의에 의해 일어남을 이렇게 강조한다.

우리는 하나님께서 개개의 사건들을 조정하시며, 이 사건들은 모두가 하나님이 결정하신 계획에서 나왔기 때문에 우연히 발생한 것은 아무것도 없다는 것을 입증해야 한다.[19]

칼뱅은 악의 도구화와 관련하여 "도둑과 살인자 및 다른 행악자들이 다 하나님의 섭리의 도구"[20]라고 말하며, 하나님의 절대주권과 관련하여는 강도에게 살해된 상인의 죽음도 "하나님께서는

---

17) 존 칼빈, 『기독교 강요』, 양낙흥 옮김(1536년 초판) (서울: 크리스챤다이제스트, 1988), 140 이하.
18) 존 칼빈, 『기독교 강요-상』, 김종흡, 신복윤, 이종성, 한철하 옮김(서울: 생명의말씀사, 1988), 305 이하.
19) 앞의 책, 313.
20) 앞의 책, 332.

그의 죽음을 선견하셨을 뿐 아니라 또한 작정하셨던 것"이라고 말한다.[21]

비록 종교개혁자들이 가톨릭의 공로사상을 반박하고 하나님의 은혜에 의한 구원을 강조하기 위해 예정론을 사용하였다고 하더라도, 세상에서 일어나는 모든 일에 예정론을 일방적으로 적용할 때는 가히 상상을 초월하는 상황이 벌어지고 만다. 우리는 선량한 사람이 악인에게 살해당하는 것도 모두 하나님의 예정 안에서 일어난 일이라고 말할 수는 없을 것이다. 그런 하나님을 어찌 사랑의 하나님이라고 할 수 있겠는가?

앞서 살펴본 전통적인 신정론은 고통과 악이 창궐한 현실에서 하나님을 변호하기 위해 고안된 것들이다. 하지만 이러한 인간적 사변 때문에 오히려 하나님은 더욱 궁지에 몰린 느낌이다. 하나님이 이 세상에 대한 책임은 회피하고 꽁무니를 빼는 나약한 존재이든가, 아니면 이 세상을 자기 마음대로 쥐락펴락하는 폭군을 연상시키기 때문이다. 분명 이런 존재는 성서가 증언하는 하나님과는 거리가 멀다. 성서의 하나님은 인간과 세상을 무한히 사랑하시고 아끼시며 돌보시는 존재이며, 이 세상의 일에 스스로 책임을 지는 분이다. 그는 결코 폭군처럼 매정하게 자신의 뜻을 관철시키는 분이 아니며, 인간이 옴짝달싹 못하게끔 모든 것을 예정의 틀 안에

---

21) 앞의 책, 320.

짜 맞춰 넣는 분도 아니다.

고통에 대한 전통적인 해명들은 이제 더 이상 용인되기 어렵다. 1791년에 칸트가 작성한 "신정론에서 모든 철학적 시도의 실패"라는 논문[22]은 신학이 정직해질 것을 촉구한다. 그는 신학이 엄연한 현실을 자신이 꾸며놓은 사변 속에 억지로 꿰맞추어 넣고서 허수아비 논증을 해서는 안 된다고 엄중하게 꾸짖고 있다. 그에 따르면 신정론은 두 가지일 뿐이다. 하나는 교리와 사변의 틀 속에 현실을 구겨넣은 교조적·철학적 신정론이고, 다른 하나는 세상이 던지는 질문을 담담히 되새김질하며 하나님 자신이 대답하기를 기다리는 진정한 신정론이다. 이것은 곧 욥의 친구들의 신정론과 욥 자신의 신정론의 차이를 뜻한다. 칸트는 진정한 신정론은 답변을 제시하는 것이 아니라, 욥처럼 "말하고자 하는 대로, 생각한 대로" 질문하는 것이라고 보았다.[23] 과연 우리는 정해진 대답 속으로 항상 되돌아가고 말 것인가? 아니면 욥처럼 하나님께 정직하게 질문하면서 그분이 대답하실 때까지 버티고 서 있을 것인가? 혹시 우리는 욥의 고난조차도 미리 마련해놓은 전통적인 신정론의 틀 속에서 오해하고 있지는 않은가? 그렇다면 우선 욥의 고난을 정직하게 대면해보자.

---

22) Immanuel Kant, "Über das Misslingen aller philosophischen Versuche in der Theodicee"(1791), 253-271.

23) Immanuel Kant, 앞의 글, 265.

그날, 하나님은 어디 계셨는가

5장

욥의 고통과
십자가에 대한
오해를 넘어서

고난에 대해 말할 때면 우리는 자연스럽게 구약성서에 나오는 욥의 이야기를 떠올리게 된다. 우리는 욥의 이야기를 통해 오늘날 우리가 겪는 고통이 도대체 어디서 오는지, 왜 내게 이런 일이 일어나는지와 같은 고통에 대한 일반화된 원인을 찾아내곤 한다. 즉 성서가 들려주는 하나의 에피소드인 욥의 고난 이야기를 통해 모든 시대에 보편적으로 적용 가능한 고통의 형이상학을 완성하고자 하는 것이다. 과연 욥의 이야기는 이런 목적으로 기록된 것일까?

먼저 욥기 내용을 개괄해보자.[1] 욥기는 총 42장으로 구성되어 있다. 처음 두 장은 욥이 고난을 당하게 되는 배경을 서술하고 있다. 성서는 "흠이 없고 정직하며 하나님을 경외하는"(1:1) 욥이 지

---

[1] 욥기와 관련해서 최형묵, 『반전의 희망, 욥』(서울: 동연, 2009)과 구스따보 구띠에레스, 『욥에 관하여: 하느님 이야기와 무죄한 이들의 고통』, 김수복, 성찬성 옮김(왜관: 분도출판사, 1990) 참조.

독한 고난을 겪게 된 배경에는 하나님과 사탄 간에 내기가 있었다고 서술한다. 야웨 하나님이 욥의 의로움을 칭찬하자, 하나님의 어전 회의에 참석했던 사탄이 욥의 의로움에는 다 이유가 있는 것이 아니겠냐고 의구심을 드러낸다. 곧 하나님이 욥에게 복을 주시니까 그가 하나님을 경외하는 것은 당연하지 않느냐는 것이다. 이어서 사탄은 욥에게서 복을 거두고 화를 내리면 그가 하나님을 저주하게 될 것이라고 말한다. 사탄에 따르면 욥의 경건은 소위 말하는 기복신앙에 근거했다는 이야기다. 결국 야웨 하나님은 욥의 목숨을 제외한 모든 것을 사탄이 마음껏 좌우하도록 허락하신다. 그리하여 이제 욥에게는 지독한 고통이 시작된다.

이쯤 되면 우리가 다음과 같이 생각하는 것은 어쩌면 당연해 보인다. 즉 고통은 하나님이 직접 주시는 것은 아니지만, 하나님의 허락을 받아 악한 신적 존재인 사탄이 주는 것이라고 말이다. 그렇다면 우주 안에는 선한 신과 악한 신이 있고 이 두 신이 선과 악을 만들어낸다는 조로아스터교적인 이원론의 논리를 조금 비틀어놓은 듯한 이러한 생각을 과연 성서가 수용하는 것일까? 과연 욥기는 고통의 원인이 어디에 있는지를 입증할 목적으로 기록된 것일까? 아니면 고대 근동 사람들의 고통에 대한 고정관념을 전제하면서도, 이를 꼬집고 뒤집어 욥처럼 이유를 알 수 없는 고통에 직면한 사람들에게 전통적인 대안과는 다른 길을 제시하고 있는 것일까?

욥기 전반에 걸쳐 우리는 고난에 대한 전통적인 인과응보의 가르침을 대변하는 욥의 친구들과 자신의 무고함을 항변하는 욥 사이의 논쟁을 보게 된다. 욥의 친구들은 참혹한 고통을 겪고 있는 욥을 찾아와 처음에는 아무 말 없이 깊은 슬픔으로 일주일을 보낸다(2:11-13). 하지만 시간이 지나자 친구들은 욥이 왜 고통을 당할 수밖에 없었는지를 논증하고자 한다. 그들은 전통적인 인과응보의 가르침을 대변한다. 그리고 욥이 고통당하는 이유는 그가 무언가를 잘못했기 때문이라며 그를 거세게 몰아붙인다. 하지만 욥은 이런 전통적인 신정론을 끝까지 거부하고 항변한다. 결국 욥은 친구들의 장황한 설교가 아니라 하나님의 해명을 듣고자 한다. 소설가 박완서가 하나님께 "한 말씀만 하옵소서"라고 기도했던 것처럼, 욥도 하나님이 한 말씀이라도 해주시기를 갈망한 것이다(31:35). 욥기 말미에서 드디어 우리는 욥에게 친히 말씀하시는 하나님을 만나게 된다. 하나님은 고통 중에 있는 욥에게 나타나 말씀하신다(38장 이하).

하지만 우리가 욥기 마지막 부분을 읽어보면 욥의 고통이 무엇 때문에 주어졌는지 하나님조차도 분명하게 해명하시지 않는다는 사실을 알 수 있다. 그 대신 하나님은 자신이 만든 창조세계에 내재해 있는 엄청난 힘들을 욥에게 제시하신다. 하나님의 말씀은 거대한 창조세계 앞에서 욥이 지극히 미약하고 작은 존재임을 깨닫게 하신다(40:4-5). 동시에 하나님은 욥의 고난이 욥의 잘못 때문에 일어난 것이라고 말씀하시지 않는다. 오히려 욥의 고난을 규명하면서 하나님을 변호하려고 했던 친구들이 하나님께 완전히 거부당한다.

이제 그 친구들은 욥에게 제물을 들고 찾아와 하나님께 자신들의 잘못을 대신 빌어달라고 간청하는 신세로 전락한다(42:7-9). 이처럼 욥기에 따르면 인과응보의 신학, 혹은 고난의 원인을 해명하려는 신정론의 시도는 하나님 자신에 의해 좌절된다. 어쩌면 고통 앞에서 진정으로 필요한 것은 침묵뿐일지도 모른다. 이 세상에 고통이 존재하는 이유와 근거에 대해 심지어 하나님조차도 명쾌한 답을 주시지 않는다면, 이제 '신비로의 환원'(reductio in mysterium)만이 남을 뿐이다.

욥기 41장에서 하나님은 리워야단의 놀라운 힘을 언급하며, 그를 제어하고 그와 흥정할 수 있는 자가 없음을 상기시킨다. "리워야단을 보는 사람은 쳐다보기만 해도 기가 꺾이고, 땅에 고꾸라진다. 그것이 흥분하면 얼마나 난폭하겠느냐? 누가 그것과 맞서겠느냐? 그것에게 덤벼들고 그 어느 누가 무사하겠느냐? 이 세상에는 그럴 사람이 없다"(9-11). 이 이야기는 무엇을 말하고 있는가? 리워야단은 피조세계의 창조적이면서도 파괴적인 힘을 상징한다고 볼 수 있다. 창조세계는 우리가 생각하듯이 모든 것이 조화롭고 질서 있게 정돈된 세계가 아니다. 오히려 창조세계 안에는 우리가 전혀 이해할 수 없는 혼돈의 세력들이 자리하고 있다. 여기

그날, 하나님은 어디 계셨는가

서 하나님이 욥에게 보여주신 세계는 "우리의 상상을 휘청거리게 만드는" "악이라고 불리는 것을 포함한" 세계다.[2] 리워야단에 대한 언급은 세계의 신비와 거대함 앞에서 인간과 그의 삶이 참으로 연약하고 파괴되기 쉽다는 사실을 환기시켜줄 뿐 아니라, 동시에 이 엄청난 창조세계의 주인이 바로 하나님 자신임을 말해주고 있다.

　도대체 고난과 악이란 무엇인가? 그것은 어디서 온 것인가? 전통적으로 신학은 무로부터의 창조(creatio ex nihilo)를 주장해왔지만, 성서는 하나님의 창조가 흑암과 깊음, 혼돈과 공허의 세력들을 배경으로 삼고 있음을 언급한다. 하나님의 창조는 이처럼 위험천만한 세상을 전제로 하며, 칠흑과 같은 어둠에 둘러싸여 좌절하고 무너질 수밖에 없는 삶의 현실과 날카롭게 대조를 이루고 있는 것은 아닐까? 하나님의 창조는 삶의 위험들을 전제로 하며, 이들 속에서 빛을 드러내고, 심연의 바다 한가운데서 디딜 땅을 마련하는 사건이 아닐까? 혼돈과 무질서 속에서도 새로운 질서를 마련하고 생명력을 부여하는 사건이 바로 창조 사건이 아닌가? 이유를 다 알 수 없는 고난의 현실은 그 사건의 과거와 유래를 파헤치는 합리성을 허용하기보다는, 오히려 아직 오지 않은 새로운 삶의 창조를 바라보게 하지 않는가? 욥이 몸소 경험한, 차마 말로 다 표현할 수 없는 지독한 고난의 수레는 새로운 미래의 창조를

---

2) 토마스 G. 롱, 『고통과 씨름하다』, 장혜영 옮김(서울: 새물결플러스, 2014), 174.

향해 나아가는가, 아니면 공포와 절망을 거쳐 비극적 종말에 도달하고 마는가?

이 점에서 욥기의 결론이 그리고 있는 욥의 회복과 축복은 단순한 부록이 아니라 실은 대단히 중요한 의미를 지닌다. 우리는 욥기 마지막에 묘사되고 있는 욥의 축복을 단순히 옛 고난에 대한 보상으로 읽어서는 안 된다. 인과응보의 논리를 깨뜨려버린 욥기의 주장을 곱씹는다면, 말미의 축복을 인과응보의 연장선상에서 해석할 수는 없을 것이다. 어떻게 잃어버린 자식이 새로 태어난 자식을 통해 대체되고 보상될 수 있단 말인가? 물론 자식을 잃은 슬픔이 어느 정도는 보상될 수 있을지 모르지만, 새로 태어난 자식이 떠난 자식을 대신할 수는 없을 것이다. 그렇지만 물질적 보상은 다르지 않은가? 잃어버린 물질은 보상될 수 있지 않겠는가? 그렇다면 정말 욥기는 수량적 보상, 배가된 축복을 말하고 있는가?

예컨대 지난 2013년 11월, 무려 48년 만에 1차 인혁당 사건의 피해자들이 무죄를 선고받았다. 국가 권력에 의해 반국가 조직을 구성했다는 혐의를 뒤집어쓴 이 사건의 피해자들은 불법으로 고문을 당했으며, 결국 9명 중 8명은 판결 즉시 사형이 집행되어 목숨을 잃었다. 그 사건이 있은 지 48년이 지난 뒤에야 제대로 된 판결이 났다. 이 뒤늦은 판결이 회복된 그들의 명예를 제외하고는, 과연 어떤 의미에서 그들과 그 가족들이 받은 상처와 고통에 대한 보상이라고 할 수 있을까? 무참히 짓이겨지고 빼앗긴 삶은 어떤 형태로도 보상될 수 없지 않은가? 그렇다면 욥의 보상도 같은 맥락에서 보아야 하지 않겠는가?

욥기의 결말 부분에 그려진 욥의 축복은 인고(忍苦)의 시간을 깔끔하게 제거해주는 '보상'과 보다 나은 것으로의 '대체'를 말하지 않는다. 오히려 그것은 고통의 '극복'을 말하고 있다. 그것은 단지 뼈아픈 상처를 지닌 채 '다시' 시작하고 '다시' 일어설 수 있는 새로운 가능성이 열렸다는 사실을 말해주고 있을 뿐이다. 욥기의 결말은 주인공이 고통받기 이전의 삶보다 더 나은 삶, 그래서 더 좋은 삶을 살았다고 말하는 것이 아니다. 또한 고통 끝에 낙이 온다는 식의 낙관론도 아니다. 반대로 그것은 도무지 다시 시작할 수도, 다시 일어설 수도 없는 절망의 순간에조차 하나님은 새로운 가능성의 문을 열어주신다는 사실을 말하고 있는 것이다. 이것은 단순히 옛것에 상응하는 배가된 보상이 아니라, 모진 불행과 슬픔에도 좌절하거나 포기하게 하지 않으시고 새로운 삶의 가능성을 열어주시는 창조주 하나님의 초대로 이해해야 할 것이다. 이처럼 하나님은 욥에게 새로운 창조와 구원의 사건으로 다가와 계신다.

"고생 끝에 낙이 온다" 혹은 "젊어서 고생은 사서도 한다"는 말이 당면한 고통을 그저 수긍하라거나, 또는 부조리한 고통을 안겨주는 현실을 정당화하고 고착화시키는 논리로 사용되어서는 안 된다. "아프니까 청춘이다"[3]는 말 역시 청춘은 반드시 아파야 하고, 젊은이는 아파도 된다는 투로 이용되어서는 안 된다. 오히려 이런 말들은 현재의 고난에도 불구하고, 거기에 꺾이거나 좌절하지 말고 힘써 버티고 이겨내야 한다는 말로 이해해야 한다.

마찬가지로 예수의 십자가와 부활 이야기도 십자가 후에는 필연적으로 부활이 오기에, 고난의 불구덩이 속으로 용감히 뛰어들자는 식의 논리로 사용되어서는 안 된다. 비록 예수께서 죽을 각오로 사셨는지는 몰라도, 그러나 죽으려고 사신 것은 아니다. 어떤 사람들은 예수께서 죽으려고 오셨으며 따라서 당연히 죽어야만 했다고 말한다. 하지만 이런 생각은 마치 예수께서 삶의 의지나 열정이 전혀 없는 분이셨던 것처럼 오해하게 만들고 또는 죽지 못해 안달이 난 사람인 것처럼 착각하게 만든다. 인류 구원을 위한 메시아적 소명을 실현하기 위해 설령 죽음에 이르는 고난이 예수에게 불가피했다 하더라도, 겟세마네의 기도에서 볼 수 있듯이 예수 자신은 고난의 잔을 회피하고자 했다는 사실을 기억할 필요가 있다.

그렇다면 우리는 예수의 고난과 죽음을 어떻게 이해해야 할까? 예수의 십자가 길은 어떻게 이해되어야 하며 부활의 메시지는 어떻게 읽혀야 할까? 우리는 십자가를 단순히 부활을 위한 수단으

---

3) 김난도, 『아프니까 청춘이다』(서울: 샘앤파커스, 2010) 참조.

그날, 하나님은 어디 계셨는가

로 여겨서는 안 된다. 십자가는 부활이라는 목표를 위한 한낱 수단에 불과한 것이 아니다. 당시 예수에게 십자가는 도저히 피할 수 없는 사명의 길 끝에 서 있는 잔인한 형틀이었지, 부활에 도달하기 위해 어쩔 수 없이 거쳐가야 하는 관문이 아니었다. 마치 달콤한 사탕을 먹기 위해 쓴 약을 참고 마시는 아이와 같이 예수의 십자가와 부활을 생각해서는 안 된다.

예수에게 궁극적인 사명의 목표는 십자가도 부활도 아니었다. 그는 오직 하나님 나라가 이 땅에 실현되기를 기도하셨고 그 나라를 몸소 살아내셨다. 하지만 하나님 나라를 선포하고 자신의 삶으로 현실화하는 과정에서, 십자가는 하나님 나라의 실현을 거부하는 세력들이 예수에게 가한 악행과 폭력의 자리인 동시에, 그럼에도 불구하고 자신의 길을 굽히지 않으셨던 예수의 사랑의 상징이다. 십자가는 부활이라는 달콤한 보상을 염두에 둔 억지스러운 수고가 아니다. 그러므로 예수의 죽음은 부활이라는 푯대에 도달하기 위한 수단이 아니다. 예수의 죽음은 그 자체로 삶의 끝이었고, 하나님 나라 운동의 막다른 골목이었다. 이처럼 십자가에서 모든 것이 종결된 듯 보였다.

하지만 기독교 신앙의 증언은 여기서 끝나지 않는다. 십자가의 길을 담담하게 걸어간 예수를 하나님이 죽음에서 일으켜 온 세상의 주와 그리스도가 되게 하셨다. 이제 십자가는 부활로 인해 예수의 길을 뒤따라 걷는 자들에게 새로운 출발점이 되고, 하나님 나라 운동의 새로운 출구가 되었다. 십자가에서 잔인하게 못 박힌 자의 부활은 죽음과 같은 치명적인 고통의 수렁에서도 새로운 삶이 시작될 수 있다는, 모든 것이 끝장나버린 절망의 구렁텅이 속에서도 새로운 생명이 싹틀 수 있다는 희망의 근거가 된다.

이처럼 십자가와 부활은 필연적인 인과관계가 아니다. 오히려 부활은 십자가로부터는 유추할 수 없는, 놀랍고 예기치 못한 새로운 신적 가능성이다. 부활은 고난의 상황 그 자체로부터는 도무지 생각할 수 없고, 또한 고난당하는 인간 자신으로부터도 생각할 수 없는, 오직 하나님으로부터만 주어지는 새로운 가능성을 뜻한다. 이러한 가능성은 오직 신앙으로만, 곧 고난을 버텨내고 그것에 대항하는 신앙의 용기 속에서만 현실이 될 수 있다. 이 신앙적 용기를 통해서만 참혹한 십자가와 끝이 없는 고통, 그리고 희망이 없는 절망 속에서도 하나님이 우리를 영원히 내버려두지 않으신다는 확신이 현실이 된다. 그리고 우리는 새로운 생명을 부여하시는 하나님을 신뢰함으로써 부조리한 고통은 반드시 끝장날 것임을 희망할 수 있다.[4]

---

4) 독일의 가톨릭 신학자 한스 큉은 예수의 십자가를 사변적으로 미화하려는 모든 신학적 시도를 비판하며, 십자가 그 자체는 무의미한 고통이라고 단언한다. 다만 부활을 통해 "이러한 무의미하고 하나님께 버림받은 죽음 안에 의미"가 일어난다고 말한다. Hans Küng, *Das Judentum*(München: Piper, 2007), 인용은 730.

그날, 하나님은 어디 계셨는가

6장

그렇다면
하나님은
무엇을 하시는가?

도대체 고통은 무엇 때문에 오는 것이며, 어디서 오는 것인가? 전통적인 기독교 신앙에 따르면 어떤 고통은 죄로 말미암아, 어떤 고통은 하나님의 숨겨진 의도에 따라 주어진다. 그러나 이제 우리는 더 이상 모든 고통이 하나님으로부터, 그분의 어떤 뜻에 따라 주어졌다고 말할 수 없다. 한편 오늘날에는 고통의 원인에 대한 의학적인 답변들을 쉽게 접할 수 있다. 하지만 우리가 여기서 고통의 원인에 대해 던지는 질문은 단순히 생물학적이고 의학적인 해명으로 끝나지 않는다. 사실 고통의 원인에 대한 신학의 질문은 고통의 '의미'에 대한 물음이기도 하다.

곧 우리는 '무슨 이유로' 내게 이런 고통이 주어졌는가를 묻는다기보다는, 도대체 이러한 고통이 내게 '어떤 의미를 주는가'를 묻는 것이다. 이처럼 신학의 영역에서 고통의 원인에 대해 질문하는 것은 실상 고통의 의미에 대해 묻는 것이며, 더 나아가 자신의 삶 전체의 의미를 추궁하는 것이다.

고통의 이면에 숨겨진 의미를 찾을 수 없을 때, 우리는 깊은 절망의 심연에 빠져든다. 내가 가장 사랑하는 사람이 갑자기 심장마비로 세상을 떠났다고 하자. 사랑하는 사람의 죽음 때문에 나는 말할 수 없는 고통에 휩싸이게 될 것이다. 이때 내 고통의 직접적인 원인은 사랑하는 사람의 부재와 상실이다. 하지만 이러한 분석이 내 고통을 제거해주지 않거니와 그 고통의 원인을 다 해명하지도 못한다. 나는 사랑하는 사람을 잃은 슬픔 가운데서 단순히 고통의 병리학적 원인이 아니라 고통이 던져주는 삶의 의미를 묻게 된다. "하나님, 왜 내게서 사랑하는 그 사람을 빼앗아가셨습니까? 왜 나에게 이런 끔찍한 고통을 주십니까?" 여기서 '왜'라는 물음은 아픔의 물리적 원인이 아니라 삶의 존재론적 의미와 근거를 따지는 것이다. 따라서 고통이 제기하는 질문은 근본적으로 존재의 의미와 근거가 되는 하나님에 대한 질문이다. "참혹한 고통의 심연속에서도 그분은 여전히 내 삶의 의미와 근거가 될 수 있는가?"

앞에서 간략하게 서술했던 고통의 원인에 대한 전통적인 신학적 답변들은 바로 이런 의미에서 하나님에 대한 변론이라고 할 수 있다. 즉 전통적인 답변들은 고통의 원인—거기에 숨겨진 신학적이고 형이상학적인 원인—을 설명하면서, 하나님은 여전히 선하시고 전능하시다는 사실을 확고히 함으로써, 하나님이 여전히 내 삶의 의미와 근거가 될 수 있음을 말하고자 했다. 하지만 안타깝게도 이런 전통적인 형이상학적 답변들 속에서 우리는 하나님에 대한 냉철한 변론만 들었을 뿐이지, 정작 고통당해 울부짖는 우리 자신을 향한 그분의 사랑이나 우리 자신의 정당성에 대한 변호는 듣지 못할 때가 많다. 더군다나 전통적인 답변들이 제공하는 고통에 관한 형이상학적이고 신학적인 이유들이 더 이상 설득력이 없어 보일 때, 그래서 전통적으로 해명된 하나님에 대한 변론으로는 더 이상 하나님을 내 존재의 근거와 의미로 신뢰할 수 없을 때, 우리는 어디서, 어떻게 내 존재의 근거와 이유를 찾을 수 있을까?

그러므로 이제 우리는 하나님에 대해 고전적인 방식과는 다른 방식으로 생각할 수밖에 없다. 고전적인 방식은 하나님을 모든 사건의 제1원인(*prima causa*)으로 규정했다. 세상에서 일어나는 모든 일에는 원인이 있는데, 하나님은 그 원인들의 최종적 근거가 되는 원인이라는 말이다. 그렇다면 하나님은 어디서 나왔는가? 그는 어떤 원인에 의해 생겨났는가? 고전 유신론은 하나님은 제1원인이시기에 그분 자신은 그 무엇에도 의존하지 않으시며, 자기 밖에 그 무엇을 원인으로 두시지도 않는다는 의미에서 자기원인(*causa sui*)이라고 말했다. 익숙한 말로 바꾸면 '하나님은 스스로 계시는 분'이다.

이처럼 고전 유신론에서는 하나님을 '원인'(*causa*)으로 생각하는 방식에 익숙하다. 그래서 고통의 원인도 결국 하나님께로 소급될 수밖에 없다. 그렇다면 정말로 모든 것의 원인이신 하나님이 또한 악과 고난의 원인이신가? 앞서 보았듯이 전통적인 신학적 답변들은 여기서 '멈칫'할 수밖에 없었다. 따라서 인과율적으로 원인을 묻는 전통적인 사유방식은 무의미한 고통에 직면하여 더 이상 유효성을 인정받기 어렵다. 설사 우리가 이해할 수 없는 고통에 대해 하나님을 제1원인으로 상정하여 그 고통의 이유를 해명한다 해도 여전히 문제는 남는다. 우리는 그런 존재를 여전히 신뢰하고 사랑할 수 있을까? 나에게 이해할 수 없는 무의미한 고통을 던져주는 그 존재를 나는 사랑의 하나님이라고 부를 수 있을까?

심리학적으로 보면 나약한 어린아이들은 자신의 잘못을 스스로 떠맡을 힘이 없다. 그래서 그들은 자신이 잘못한 일을 대신 책임져줄 다른 사람을 찾는다. 비단 어린아이들만 그런 것은 아니다. 심리적으로 나약한 사람들은 항상 남의 탓을 할 수밖에 없다. 그들은 자신이 잘 알지 못한다는 무지를 고백하는 것을 견디지 못한다. 반대로 그들은 항상 무언가를 알고 있는 것처럼 말해야 하고, 이를 통해 자신의 무지를 감추려고 한다. 그렇다면 고통의 원인을 하나님께 돌리려는 형이상학적 신학 속에도 사실은 인간의 무지와 나약함을 감추고, 도리어 자신을 모든 비밀을 알고 있는 우월한 자로 내세우려는 심리적 동기가 자리하고 있는 것은 아닐까? 제1원인으로서 신을 지목할 수 있었던 자신의 지적 능력을 과시하며, 고통을 비롯한 인생의 모든 비밀을 신의 이름으로 깔끔하게 처리할 수 있는 인간 자신의 이성적 우월함을 드러내고 있는

그날, 하나님은 어디 계셨는가

것은 아닐까?

하지만 모르는 것을 모른다고 고백하는 것이 실은 참으로 아는 것이라고 하지 않았던가? 자신이 짊어져야 할 문제를 하나님 탓으로 돌리고는, 자신의 책임을 떠넘기는 전략은 그것이 아무리 신앙적으로 보인다 할지라도 실제로는 궁색한 변명에 불과할 뿐이다. 참된 신앙은 결코 인간을 무책임하거나 나약하게 만들지 않으며, 또한 과장된 허세 속에서 오만하게 만들지도 않는다.

그렇다면 이제 고통의 궁극적 원인이 어디에 있는지 모른다는 사실을 용감하게 시인해보자. 이와 함께 고통의 원인을 역추적하는 인과율적인 신학적 사유에서 벗어나 보자. 또한 하나님을 제1원인으로 사유하는 방식과도 결별해보자. 적어도 고통의 원인을 하나님께 돌릴 수 없다면, 이제 고통의 원인을 형이상학적으로 캐묻고, 잘 짜인 형이상학적 체계 속에서 고통의 원인과 의미를 연역해오던 전통적인 시도들에서 과감히 탈출해보자. 더 이상 허세를 떨지 말고 정직하고 용감하게, 무의미한 고통의 이유와 의미를 모른다고 말해보자. 하나님을 모든 일의 원인이 되는 저 과거의 출발점에 세워두는 일을 포기한다면, 이제 하나님은 어디에 계신가? 하나님의 시간은 죽어버린 과거가 아니라 살아 있는 현재와 아직 오지 않은 미래가 아닐까?

하나님이 계신다는 것을 인정해도, 지금 내게 닥친 고통의 원인을 도무지 이해할 수 없을 때가 있다. 하지만 고통의 의미와 이유를 모른다고 해도 신앙과 삶을 포기하고 무너질 필요는 없다. 하나님은 죽어버린 과거가 아니라 바로 지금 여기서 나와 함께하신다. 비록 고통의 의미를 다 알 수 없다 하더라도, 그 지독한 고통의 심연에 그분이 나와 함께 계시다는 사실을 부정할 필요는 없을 것이다. 나는 하나님이 이 세상과 상관없이 저 하늘 위에서 홀로 고고하게 구름을 타고 노니신다고 생각하지 않는다. 그것은 재밌는 생각이지만 실은 어린 시절의 유치한 상상력의 산물일 뿐이다. 적어도 성서가 그려주는 하나님의 이미지는 그렇지 않다. 성서의 하나님은 고통의 현장에서 멀리 떨어져 계신 분이 아니라, 고통받는 당신의 백성들과 함께 계시는 분이다. 모세가 호렙 산에서 만난 하나님이 그렇다.

> 여호와께서 이르시되 내가 애굽에 있는 내 백성의 고통을 분명히 보고, 그들이 그들의 감독자로 말미암아 부르짖음을 듣고, 그 근심을 알고…이스라엘 자손의 부르짖음이 내게 달하고, 애굽 사람이 그들을 괴롭히는 학대도 내가 보았으니(출 3:7, 9).

떨기나무의 불꽃은 하나님의 임재뿐 아니라 이집트에서 학대당하는 히브리인들의 고통을 상징한다. 즉 하나님은 히브리인들의 고통, 자기 백성의 고통, 바로 그 안에 계신다. 자신을 계시하시는 하나님의 자리는 다름 아닌 고통의 현장이다. 그렇다. 우리가 믿는 하나님은 고통 가운데 함께 계시는 임마누엘의 하나님이다. 하나님께서 우리가 고통당하는 현실 안에 계시며, 우리와 함께 고통당하신다는 생각은 오늘날 현대신학에서 결코 낯선 개념이 아니다.[1] 만약 우리가 제1원인으로서의 하나님이라는 고전 유신론의 생각을 과감히 버린다면, 이제 하나님은 제1원인으로서 과거의 시간에 머물러 있지 않으시며, 그 안에서 모든 사물의 인과관계를 미리 결정해놓지도 않으신다. 오히려 하나님은 지금 여기 우리의 삶 속에서 우리의 고통을 듣고 보고 아시는 분으로 자신을 계시하신다.

이제 우리는 '도대체 왜?'라는 질문에서 '지금 어디에?'라는 질문으로 방향을 전환해야 한다. "내가 고통당하고 있을 때, 하나님은 도대체 어디 계셨습니까?" 이 물음에 대해 성서는 분명하게 임마누엘, 즉 하나님이 바로 거기 함께 계셨다고 대답한다. 아벨의 피가 땅에서 부르짖을 때에도, 하갈이 버림받아 울고 있을 때에도, 히브리인들이 이집트에서 고통당하고 있을 때에도, 다니엘과 세 친구가 불구덩이에 던져졌을 때에도, 하나님은 바로 거기 고통당하는 자의 곁에서 함께 계셨다. 이것이 성서의 대답이다. 심지

---

1) 하나님의 고난에 대한 고전적인 작품으로는 J. K. Mozley, *The Impassibility of God: A Survey of Christian Theology*(London: Cambridge University Press, 1926)이 있으며, 오늘날에는 위르겐 몰트만, 『십자가에 달리신 하나님』, 김균진 옮김(서울: 한국신학연구소, 1990)이 대표적이다.

어 하나님의 아들 예수께서 자신의 아버지에게 저주받고 버림받은 자로 십자가에 달려 있을 때에도, 예수께서 "나의 하나님, 나의 하나님, 어찌하여 나를 버리셨나이까?"라고 울부짖으며 하나님의 부재를 경험하는 그 순간에도, 하나님은 거기 계셨다. 이것이 성서의 답변이다.

이처럼 참혹한 고통의 현장 한가운데 계신 하나님에 대한 인식이야말로 기독교 신앙의 출발점이다. 기독교 신앙은 예수 그리스도 안에서 하나님이 자신을 계시하셨다고 고백한다. 보이지 않는 하나님의 형상(골 2:15)이 예수 그리스도 안에서 분명히 드러났다. 그러나 하나님은 예수 그리스도의 기적과 권능에서가 아니라 십자가의 고난을 통해 자신을 분명히 계시하셨다.

하나님의 자리는 더 이상 하늘에 있지 않다. 오히려 하나님은 자신의 아들 예수 안에서, 이 땅의 버림받은 사람들과 함께 계신다. 하나님으로부터 버림을 받았다고 생각되었던 사람들 곁에, 하나님이 부재하다고 생각되었던 고통스러운 삶의 현장 바로 그곳에 하나님이 거하신다.

그렇다면 하나님이 고난당하는 자들 곁에 머물러 계신다는 사실은 무엇을 말하는가? 이것은 하나님 자신이 고난당하는 자에게 고통을 극복하고 이겨내게 할 버팀목이 되어주신다는 사실을 의미한다. 고난당하는 자에게 가장 큰 아픔은 혼자 내버려져 있다는 사실이다. 하지만 성서는 고통당하는 자를 홀로 내버려둔다는

그날, 하나님은 어디 계셨는가

생각을 알지 못한다. 왜냐하면 모든 애통하는 자들 곁에 하나님이 함께 계시기 때문이다. 심지어 우리가 엄청난 고통 속에서 기도할 힘조차 잃어버릴 그때에도 하나님의 영은 말할 수 없는 탄식 가운데 우리를 위해 간구하신다(롬 8:26). 물론 이것은 인간의 눈으로 확인할 수 없는 신앙의 고백이자 역설에 속한다. 고통 중에 우리는 하나님을 원망하고 그분께 비난을 퍼부을 수도 있다. 하지만 이런 과정을 통해 다시 일어설 수만 있다면, 하나님은 기꺼이 그러한 원망과 비난을 들으실 것이다. 그리고 그분의 영은 더 깊은 탄식으로 우리를 위해 기도하실 것이다.

하나님은 고통의 원인을 해명하시는 분이 아니며, 고난을 원천적으로 제거하시는 분도 아니다. 오히려 성서가 계시하는 하나님은 고난을 딛고 이겨낼 힘을 주시는 분이다. 그분은 우리의 탄식을 받아주시고 우리의 눈물을 닦아주실 뿐 아니라, 언젠가 우리 스스로 슬픔을 털고 일어서도록 하신다. 비록 지금 여기서 고난의 의미와 이유를 다 알지 못한다고 하더라도 언젠가 고난을 극복해 낼 수만 있다면, 그때 지나온 과거를 돌아보며 자신에게 깊은 상처를 남긴 고통의 의미에 대해 우리는 말할 수 있을 것이다. 이처럼 고통의 의미는 미리 주어져 있는 것이 아니라 앞으로 쟁취해야 할 그 무엇이다. 그런 점에서 "고통에는 뜻이 있다"고 말할 수 있다. 하지만 이때의 뜻은 영원 전부터 숨겨져 있는 그 무엇이 아니라, 새롭게 시작된 삶과 더불어 세워진 뜻이다. 이것은 과거로부터 해명되는 뜻이 아니라, 미래로부터 선사되는 뜻이다. 또한 우리가 만들어내는 뜻이 아니라, 하나님의 미래와 함께 하나님으로부터 주어지는 뜻이다.

하나님이 고난 속에서 우리와 함께하신다고 말할 때, 사실 우리는 전통적인 신관으로부터 멀리 떨어져 있다. 앞서 언급했듯이 전통적인 신관에 따르면 신은 완전하다. 완전한 신은 변함이 없다. 만약 완전한 자가 변화하게 되면 지금보다 더 못한 상태로 변화하는 수밖에 없다. 그렇게 되면 변화된 신은 불완전한 존재, 무언가 모자란 존재의 상태에 놓이게 된다. 따라서 완전한 신은 결코 변할 수가 없다. 그런데 전통적인 신관에 따라 불변의 존재, 완전한 존재인 신은 그렇기 때문에 다른 존재에 영향을 받지 않는다. 영향을 받는다는 것은 이미 변화를 전제하기 때문이다. 곧 완전한 신은 다른 존재에게 변화를 줄 수는 있지만, 다른 존재로부터 영향을 받지 않으므로 자기가 자기 자신에게 원인이 되는 존재, 곧 자기원인(*causa sui*)이다. 신은 스스로 존재하며, 자기충족적이며, 자기원인인 존재다.[2]

---

2) 출 3:14에서 하나님이 모세에게 자신을 알리는 말—에흐예 아쉐르 에흐예—을 개역개정판은 '스스로 있는 자'라고 번역했다. 하지만 이러한 번역은 히브리 성경을 헬라어로 번역했던 70인역(Septuaginta)에 근거한 것으로 원래의 의미와는 동떨어진 번역이다. 본래는 '나는 나다' 또는 미래형으로 '나는 나일 나다'로 직역할 수 있다. 여기서 하나님은 자신의 역사적 행위를 통해 자신의 백성과 관계되어 있는 존재임을 드러내신다. 즉 하나님은 홀로 존재하는 자가 아니라 역사 안에서 활동하시는 관계적 존재이며, 약

그날, 하나님은 어디 계셨는가

하지만 철학자 하이데거가 "이러한 신에게 인간은 기도할 수도 없고 제물을 바칠 수도 없다. 자기원인인 존재 앞에서 인간은 경외하는 마음으로 무릎을 꿇을 수 없고, 또 이러한 신 앞에서 그는 음악을 연주하거나 춤을 출 수도 없다"[3]라고 말한 것은 옳다. 성서의 하나님은 이런 고전 유신론과는 구별되는, 창조와 구원의 하나님이요 자유와 해방의 하나님이다. 자기원인으로서 자기 속에 갇혀 있는 신은 고통당하는 피조물의 아픔을 공감할 수 없다. 그는 다른 무엇에게서 영향을 받지 않으며, 완전함에서 벗어나 슬픔이라고 하는 불완전함으로 내려올 수도 없다. 하지만 성서의 하나님은 세상과 무관하게 자기 속에 갇혀 독존하는 존재가 아니라 피조물과 함께 창조의 모험을 감행하시는 분이다.

개신교 정통주의는 창조에 대해 언급할 때 태초의 창조뿐 아니라 계속되는 창조와 마지막 창조에 대해서도 말했다.[4] 여기서 계속되는 창조란 곧 섭리를 의미한다. 우리는 섭리를 과거에 미리 프로그램된 일들이 지금 진행된다는 식으로 이해해서는 안 된다. 하나님의 뜻과 마찬가지로 섭리 역시 보다 능동적이며 미래지향적인 하나님의 창조사역을 의미한다. 다시 말하면 하나님의 창조

속과 성취를 통해 자신의 백성을 존재케 하시는 자로 이해되어야 한다.

3) 마르틴 하이데거, 『동일성과 차이』, 신상희 옮김(서울: 민음사, 2000), 65.

4) 개신교 정통주의의 창조에 대해서는 Heinrich Schmid, *Die Dogmatik der evangelisch-lutherischen Kirche*(Gütersloh: Verlag von C. Bertelsmann, 7. Aufl., 1893), 117-134 참조.

는 과거에 끝난 것이 아니다. 하나님은 지금도 창조사역을 계속하고 계신다. 그런 점에서 미래는 개방적이다. 선한 사람들이 고통당하는 이 세상은 하나님의 창조가 아직 완성되지 않은 상태에 놓여 있다는 증거다. 따라서 하나님은 더 이상 눈물이나 고통이 없는 새 하늘과 새 땅이 실현되도록 일하고 계신다(계 20:1-5). 심지어 하나님은 안식일에도 일하고 계신다(요 5:17). 그런 점에서 창조의 완성으로서의 참된 안식일은 아직 오지 않았다. 창조는 끝나지 않았고, 현재의 안식일은 미래에 완성될 종말론적 안식일에 대한 희망의 선취일 뿐이다. 하나님은 더 이상 부조리하고 무의미한 고통이 이 땅을 지배하지 않도록 쉬지 않고 일하고 계신다. 이것이 하나님의 뜻이며 이를 위해 하나님은 지금도 섭리하신다.

나는 여기서 신학적 제안을 하나 하고자 한다.[5] 우리는 예정이라는 신학적 개념을 미시적으로 사용하여 역사 안에서의 하나님의 행위를 숙명론적이고 결정론적으로 이해하기보다는, 섭리라는 개념을 사용하여 하나님의 활동을 미래지향적인 창조와 구원의 사역으로 이해해야 한다. 섭리(Providence)는 미리 본다는 뜻을 넘어 앞을 향해 본다는 의미로 이해할 수 있다. 하나님은 고통과 절망으로 어두워진 인류의 역사 속에서도 앞을 내다보시며 새로운 미래를 구상하고 개방해놓으신다. 하나님이 지금도 섭리하신다는

---

5) 이에 대해서 박영식, "하나님의 섭리와 인간의 자유" 「한국기독교신학논총」, 65(2009), 159-179 참조.

사실은 우리로 하여금 절망 중에 눈을 떠서 새로운 가능성을 희망할 수 있게 하는 근거가 된다. 따라서 섭리신앙은 하나님이 열어 놓으시는 그 미래에 참여하게 함으로써 절망을 희망으로 바꾼다.

하지만 하나님은 어떻게 일하시는가? 앞서 보았듯이, 성서의 하나님은 자기 백성의 고통을 통감하시며 그들의 울부짖음을 들으시는 분이다. 그렇다면 성서의 하나님은 자기충족적인 자기원인이라기보다는, 피조물과의 사귐과 관계 안에 머물러 계시면서 그들을 공감하시는 분이다. 하나님은 혼자서 자의적으로 일하는 분이 아니라 피조물과 함께 일하신다. 하나님께서 창조의 완성을 위해 "하나님의 동역자"(고전 3:9)를 부르신다는 사실은 대단히 중요하다. 무의미하고 부조리한 고통에 직면한 사람들은 어떤 의미에서 하나님의 창조를 방해하는 파괴와 혼돈의 현실을 직면한 사람들이다. 하나님은 이러한 반생명적 현실을 구원하고 새롭게 창조하기 위해 자신의 동역자들을 부르신다. 우리가 고통당하는 자들 곁에 계신 하나님과 함께하면서 하나님의 새로운 창조를 향해 함께 일해야 하는 이유가 여기에 있다.

하나님은 고통당하는 자들과 함께하시며 새로운 창조를 향해 일하실 뿐 아니라, 고통당하는 자의 아픔을 자신의 아픔으로 짊어지신다. 비록 하나님 자신이 고통의 원인자는 아니라 하더라도 하나님은 세상의 악과 고통을 자신의 몫으로 부둥켜안으신다. 마치 아버지가 자식의 죄와 고통을 통감하며 자신의 책임으로 짊어지듯이, 하나님은 창조세계에 대한 책임을 짊어지심으로써 부조리한 현실세계를 극복하고 당신의 나라를 반드시 이루시리라는 의지를 보여주신다. 따라서 우리도 그분의 의지에 기대어 예수께서 가르쳐주신 대로 함께 기도할 수 있다. "주의 나라가 오시옵소서!"(마 6:10; 눅 11:2)

이 기도와 더불어 우리는 고통당하는 내 가족, 이웃, 친구들에게 무엇을 해줄 수 있을까? 무엇을 어떻게 함으로써 우리는 진정 그들의 고통을 위로해주며, 그들이 고통에서 벗어날 수 있도록 도울 수 있을까?

그날, 하나님은 어디 계셨는가

7장

고통당하는 자를 위해
우리가 할 수 있는 일은
무엇인가?

2014년 4월 16일에 일어난 세월호 참사는 우리 현대사의 가장 큰 비극 중 하나다. 아무 잘못도 없는 어린 자녀들을 순식간에 떠나보내야 했던 유가족들에게 살아남은 우리가 할 수 있는 일이란 무엇일까? 슬픔의 깊이를 조금이라도 진정 맛본 사람이라면 그들에게 아무런 위로도 건넬 수 없다는 안타까운 사실에 직면하게 된다. 우리가 그들에게 딱히 건넬 말을 찾지 못할 뿐만 아니라 그들도 우리에게 아무런 말을 요구하지 않을 것이다.

이처럼 깊은 고통의 수렁에 빠진 친구와 이웃을 '위해' 우리가 할 수 있는 일은 너무 적다. 어쩌면 우리가 그들을 위해 건네는 말들은 실은 우리 자신을 위해 하는 말일지도 모른다. 그들에게 위로의 말을 해주어야 한다는 어떤 의무감에서 벗어나기 위해 재빨리 뭔가를 말해버리려고 하는 것이다. 아니면 내가 건넨 위로의 말을 통해 이런 끔찍한 상황에서 나 자신은 벗어나 있다는 사실을 새삼 확인하고 있는지도 모른다. 이는 적어도 나는 고통의 상황 '밖'에 있는 자로서 저 지옥 같은 상황 '안'에 있는 자에게 위로의 말을 건넬 수 있다는 숨겨진 안도감의 표현이 될 수도 있다는 말이다. 이렇듯 말은 이중적이다.

그렇다면 고통의 심연 속에서 좌절하고, 분노하고, 절규하는, 그러면서도 위로를 기다리는 친구와 이웃을 위해 우리가 할 수 있는 일은 무엇인가? 나는 우리가 딱히 할 수 있는 일이 없음을 겸손히 인정하고 그대로 보여주는 일이야말로 우리가 할 수 있는 최선이자 최후의 행위라고 생각한다. 고통을 당한 자 앞에서 우리가 할 수 있는 일이란 거의 없다. 하지만 할 수 있는 일이 분명히 있다. 말없이 그 곁에 서 있는 것, 손을 잡고 슬픈 눈을 응시하는 것, 좌절하고 분노하고 절규하는 고통스러운 모습을 그대로 지켜봐 주는 것, 함께 우는 것, 그리고 이 어처구니없고 부조리한 세상을 향해 함께 분노하고 저항하는 것, 나는 이것이 우리가 할 수 있는 전부라고 생각한다.[1]

---

1) '세월호의 아픔을 함께하는 이 땅의 신학자들'과 'NCCK 세월호참사대책위원회'가 함께 만든 책의 제목도 『곁에 머물다』였다. 이 책에서 송순재는 "나는 아무 말도 할 수 없었습니다. 시라니요? 분석이라니요? 나는 시도 쓸 수 없었고 학문적인 분석도 할 수 없었습니다"(45)라고 고백했고, 이용주는 "다시 일상으로 돌아가라니? 어디로 가란 말인가? 욕망과 탐욕, 맘몬을 따르던 그때로 돌아가란 말인가?…이제 우리에게는 돌아갈 일상이 없다"(61)라고 말함으로써 함께 울고 함께 침묵하고 함께 견디고자 하는 이 책의 주된 정신을 대변했다.

그날, 하나님은 어디 계셨는가

세월호 참사에 비견할 수는 없지만, 나는 젊은 날 내게 가장 큰 충격을 안겨주었던 어머니의 죽음을 요즘도 종종 생각한다. 그렇게도 건강하고 웃음 가득했던 어머니가 병원에 입원하여 죽음과 사투를 벌일 때, 주변 지인들은 이런저런 말로 나와 어머니를 위로하려고 했다. 그들의 말은 분명 신앙적이었고 또 나름 논리적이며 체계적이었다. 하지만 고통 중에 있던 내게 그런 말들은 아무런 위안도 되지 않았다. 도리어 불필요한 잔소리에 불과했다. 차라리 그들이 침묵했더라면 더 좋았을 것이다. 선의로 내뱉은 그들의 말은 그 후 오랜 시간 내게 독으로 남아 있었다.

고통 앞에서 슬픔과 절망에 짓눌려 있는 사람을 외면하는 것도 죄지만, 그들에게 의미 없는 말을 남발함으로써 고통을 가중시키는 것도 죄다.[2] 특히 기독교인은 이상하게도 고통당하는 사람을 보면, 그 고통에 담긴 하나님의 계획이니 뜻이니 하는 것을 발설하고 싶어 안달이 난 사람들처럼 보인다.

하지만 "말할 수 없는 것에 대해서는 침묵해야만 한다"[3]는 비트겐슈타인의 경구는 슬픔과 고통의 심연에 던져진 자를 대하는 우리의 바른 자세를 일러주는 말로도 적합하다. 알 수 없는 고통

---

2) 토마스 G. 롱, 『고통과 씨름하다』, 79 이하 참조. 롱은 실제적인 고통에 직면한 사람에게 섣불리 말해서는 안 된다는 점을 목회자가 첫 번째로 주의해야 할 사항으로 꼽는다.
3) Ludwig *Wittgenstein, Tractatus logico-philosopicus*(Frankfurt am Main: Suhrkamp, [11]1976), §7. Wovon man nicht sprechen kann, darüber muß man schweigen.

의 의미에 대해 알 수 없다는 사실은 동어반복처럼 들리지만, 가장 진솔한 고백이다. 우리는 이 규율을 깨고 얼마나 아는 체를 하려고 했던가? 자신의 빈약한 지성으로 신을 함부로 변호함으로써, 슬픔에 잠겨 있는 자를 신앙이 부족하고 무지한 자로 취급하지는 않았던가? 이제 그런 어리석은 행동은 단호히 그만두자. 고통 중에 있는 사람에게 내가 어떤 답을 준다고 해도 그것이 진정한 해답이 아니거니와, 정작 그들에게 아무런 도움도 되지 않는다. 우리는 은밀한 중에 보시는 하나님께서 직접 그의 신음소리에 답하시도록 침묵하자.

기독교인들 중에는 자신이 세상의 모든 질문에 다 대답할 수 있다는 착각에 빠져 있거나 모든 질문에 다 대답해야만 한다는 강박증에 시달리는 이들이 있다. 또한 어떤 사안에 대해 자극적이고 도전적인 말을 함으로써 자신이 상대방의 신앙에 도움을 줄 수 있다고 생각하는 이들도 있다. 누군가가 고통을 당하고 있을 때, 이들은 슬그머니 다가가 죄책감을 심어주기도 하고, 자신의 우월한 신앙의식을 드러내기도 한다. 하지만 기독교 신앙은 모든 문제에 답변을 주지 않는다.

대답하는 신앙은 먼저 깊은 침묵을 전제해야 한다. 침묵의 중저음이 없는 답변은 귀청이 찢어지는 듯한 불안정한 고음이 될 수밖에 없다. 신앙의 답변은 "나는 모른다"는 기조 위에서만 가능하다. 그리고 우리의 답변은 하나님 자신에 의해 거짓으로 판명될 각오를 해야만 한다.

어쩌면 고통 중에서 신음하는 자는 우리보다 하나님과 더 깊이 대면하고 있는지 모른다. 그는 말할 수 없는 탄식 가운데서 하나님께 묻고 있고, 어쩌면 그 가운데서 우리가 알지 못하는 하나님의 세밀한 위로와 돌보심을 받고 있는지도 모른다. 어쨌든 그의 고통에 동참하기를 원한다면 먼저 침묵하자. 침묵(μύειν)은 신비(μυστέριον)에 직면했음을 의미한다. 하나님의 신비 앞에서 신앙은 침묵한다. 궁극적 대답이 하나님께 있음을 알고 그분께 자리를 내어드리기 때문이다. 그러면 침묵의 틈새로 참된 대답의 가능성이 싹틀 수 있다. 따라서 우리가 모든 질문에 다 대답할 수 있다는 환상에 빠질 필요도 없거니와, 모든 질문에 다 대답해야만 한다는 강박증에 시달릴 이유도 없다. 결국 하나님의 신비 앞에서 우리는 침묵해야 하며, 그분이 스스로 말씀하시기를 기다려야 한다(전 5:1-2).

욥의 친구들이 욥의 아픔을 듣고 달려와서 가장 먼저 했던 일은 아무런 말도 하지 않고 밤낮으로 그와 함께 울어주는 일이었다(욥 2:11-13). 하지만 시간이 지남에 따라 이들은 입을 열어 하나님에 대한 변론을 장황하게 늘어놓는다. 오늘날 고통당하는 자들에게 고소당한 신을 구출하고자 변호인으로 자청하고 나선 목회자와 신학자들도 이와 비슷한 태도를 취한다. 하지만 이들의 변호는 자신을 스스로 변호하지 못하는 신을 더욱 초라하게 만들 뿐 아니라 고통당하는 사람에게 아무런 위안도 되지 못한다.

신앙인이라면 아니 신앙인이라 하더라도, 말할 수 없는 큰 고통에 직면하면 "하나님, 당신은 도대체 어디에 계셨습니까?", "왜 하필 나에게 이런 일이 일어나야만 합니까?"와 같은 질문을 던지지 않을 수 없다. 하지만 이러한 질문에 대해 정당한 답변이 꼭 제시되어야 하는 것은 아니다. 아니, 진정으로 가슴 아파하는 자에게는 그 어떤 대답도 정당성을 얻을 수 없다.

우리는 깊은 고통 속에서 울부짖는 사람을 말로 쉽게 위로하려하거나 고통에서 신속히 벗어나게끔 하려고 해서는 안 된다. 하나님께 따져 묻는 불손하고 불신앙적인 질문은 재빨리 대답되거나 봉쇄되어야 할 물음이 아니다. 오히려 우리는 고통당하는 자가 충분히 절규하도록 도와야 한다. 자신의 아픔에 대해 충분히 슬퍼하는 자만이 오히려 스스로 눈물을 닦을 힘을 얻을 수 있기 때문이다. 참된 치유의 힘은 진정한 애도에서 비롯된다. 우리 시대는 아픔을 아픔으로 표현하지 못하는 병을 앓고 있다. 사람들은 눈물을 보이지 않으려 하고, 자신의 약함을 감추려 한다. 하지만 겉으로 강한 척하는 이런 태도야말로 심리적으로 더 나약한 태도가 아니겠는가? 그러므로 우리는 고통당하는 자가 솔직하게 아프다고 말할 수 있도록 그가 자신의 심리적·정신적 고충을 마음껏 끄집어내고 슬퍼할 수 있도록 도와야 한다. 고통을 숨기거나 무시한다고 해서 고통에서 해방될 수 있는 것이 아니다. 오히려 "고통을 제대로

겪는 것만이 고통에서 벗어날 수 있는 유일한 길"이다.[4]

그렇다면 침묵과 더불어 우리가 할 수 있는 일은 고통당하는 자가 실컷 울도록 '방치'하는 일이며, 더 나아가 함께 울어주는 일이다. 그리고 고통스러운 자신의 심정을 털어낼 수 있는 허용의 공간과 경청의 시간을 내어주는 일이다. 간혹 우리는 고통당하는 자들이 그들의 아픔에 대해 이야기하지 못하도록 가로막는 상황을 접하곤 한다. 고통의 울부짖음을 봉쇄함으로써 모든 것이 잘되고 있다는 거짓된 평화를 꾸며내는 것이다. 이런 일은 교회에서도 곧잘 일어난다. 고통에 대해 말하는 것은 왠지 불신앙적으로 보일 뿐 아니라 불신앙을 확산시키는 일로 보이기 때문이다. 이를 위해 뻔한 대답들로 고통당하는 자의 입을 막아버리고자 한다. 하지만 고통 앞에서 아프다는 말조차 못하게 만드는 상황이야말로 제일 먼저 폐기되어야 할 비인간적 상황이다.

성서는 고통에 직면했을 때 하나님께 질문하는 것을 막지 않는다. 한 예로 시편은 고통 속에서 던진 숱한 질문들로 가득 차 있다. 고통의 울부짖음을 통해 현실의 부조리가 폭로된다. 고통의 절규는 아직 도래하지 않은 하나님의 미래에 대한 갈망이다. 이런 점

---

4) 엘리자베스 퀴블러 로스, 데이비드 케슬러, 『인생 수업』, 류시화 옮김(서울: 이레, 2006), 103; 정신과 전문의 채정호도 '상실의 슬픔'을 극복하는 방법으로 실컷 우는 것, 힘들다고 말하는 것, 그리고 시간을 두고 천천히 이겨내는 것에 대해 말한다. 채정호, 『이별한다는 것에 대하여』(서울: 생각속의집, 2014), 141-177.

에서 예수의 부르짖음은 고통당하는 자의 입을 봉쇄해버린 모든 율법주의적 신학과, 고통에 고통을 더하는 비인간적인 폭력과 부조리에 대한 저항이요 폭로다.

나의 하나님, 나의 하나님, 어찌하여 나를 버리셨나이까?(막 15:34)

고통 앞에서 기독교인은 재빠르게 신정론의 정답을 제시하려고 해서는 안 된다. 많은 기독교인들이 자신을 신앙의 변증가로 생각하곤 한다. 그들은 침묵하는 신을 대신해 소위 무신론의 시대를 살아가는 현대인에게 고소당한 신을 구해낼 변론을 찾는다. 하지만 신의 전능과 예정을 앞세워 우리 시대의 아픔과 통곡을 간단하게 처리하려는 모든 형이상학적 시도들은 자신의 지적 능력을 과시하려는 인간적 욕망의 산물일 뿐이다. 인간과 세상을 구원해야 할 신을 인간 자신이 변호해줘야 하다니, 애초에 신정론은 궁색한 변명처럼 들릴 수밖에 없다. 구원의 주체를 구원의 대상이 구해주다니, 실로 엄청난 주객전도가 아닌가?

우리는 고통의 문제에 대해서 해답을 주기보다 오히려 침묵과 공감, 경청의 시간을 허용해야 한다. 침묵이 하나님의 위로와 답변을 기다리는 시간이라면, 공감은 고통당하는 사람 앞에서 실제로는 나 자신을 발견하는 시간이다. 슬피 우는 자 앞에서 우리는 그와 함께하는 존재이자 그처럼 아파할 수 있는 인간임을 자각하고,

주객의 구분 없이 모두 하나가 되는 거대한 존재의 사건을 경험하게 된다. 너의 고통이 나의 고통이 되고 나아가 우리 자신의 고통이 되는 사건, 그 속에서 고통당하는 자는 홀로 남겨지거나 버려지는 더 지독한 고통에서 해방되어 우리라는 삶의 공간으로 나올 수 있다. 해답을 찾을 수 없는 물음에 함께 머물러 있어주는 일, 함께 울어주는 일, 함께 아파하는 일, 그것이 해답 없는 물음에 대한 우리의 유일한 응답이다. 우는 사람과 함께 울며 아파하는 사람과 함께 아파하는 것, 이것이야말로 고통당하는 자들에게 기독교인이 줄 수 있는 최고의 대답이다.

한걸음 더 나아가 우리는 고통에 맞서 함께 항변하고 투쟁할 수 있다. 오늘날의 숱한 고난들은 전통적인 도덕적 악이나 물리적 악이 아니라 구조악이나 사회악으로 인해 발생한다. 사회의 구조적인 불의와 부패 때문에 선량한 시민들이 애꿎은 고통을 당한다. 이런 경우 고통의 피해자는 개인들이지만, 이들에게 고통을 가하는 주체는 부패한 사회다. 따라서 여기서 고통의 문제는 개인의 문제를 넘어선다. 개인의 심리적 안정과 위로가 문제해결의 목표가 아니다. 개인이 고통의 상처를 털고 일어난다고 하더라도 부패한 사회가 내뱉는 악취로 인해 숱한 사람들이 또 다시 애꿎은 고통을 당할 수 있다.

마치 부모에게 심한 폭행을 당하면서 자란 아이가 설령 심리치료를 통해 불안과 공포에서 벗어났다 하더라도 다시 그 가정으로 돌아가면 여전히 폭력의 희생자가 될 수밖에 없듯이, 구조악 또는 사회악이라고 하는 폭력을 해결하지 않는 한, 개인적 위로는 임시 방편이 될 뿐이다. 즉 악이 활발하게 작동하는 구조 내에서 살아가는 개개인은 악의 희생자이거나 잠재적 가해자가 될 수밖에 없다. 따라서 이때 필요한 것은 구조적·사회적 악에 저항하고 투쟁하는 일이다.

세월호 참사로 눈에 넣어도 아프지 않은 아들을 잃은 한 어머니는 평소 늘 용서하면서 살아야만 되는 줄 알았는데, 이제 그게 얼마나 바보 같은 짓이며 비현실적인 일인지를 알았다며 울분을 토해냈다. 그러면서 이제 그는 따져 묻고 항변하고 투쟁할 것이라고 했다.[5] 사회적이고 구조적인 악에 희생당한 자들을 위해 우리가 할 수 있는 일은 그들과 함께 연대하고 실천하는 일이다. 예컨대 가정폭력으로 고통당하는 아이들이나 여성들에 대해서는 그저 공감하고 함께 울어주는 일만으로는 부족하다. "그래도 가족이 되게 하신 데는 다 하나님의 뜻이 있지 않겠냐?"는 말은 희생자들을 가정폭력에 지속적으로 노출시키는 무책임한 언사일 뿐이다.

고통은 현실의 감춰진 부조리와 모순이 드러나는 틈이다. 이 틈을 어줍잖은 말로 메우려 해서는 안 된다. 고통으로 드러난 부조리와 모순의 현실을 애써 덮어버릴 것이 아니라 새로운 삶의 현

---

5) 416 세월호 참사 시민기록위원회 작가기록단, 『금요일엔 돌아오렴』, 38 이하. 건우 어머니는 "정의를 위해 물러서지 말라"는 미사 말씀에 용기를 얻었다고 한다.

그날, 하나님은 어디 계셨는가

실로 변화시켜야 한다. 이를 위해서는 침묵과 통감을 넘어 연대와 실천도 필요하다. 고통당하는 자의 무능과 약함에 함께 동참함으로써 부조리와 모순에 맞설 수 있는 힘을 북돋워줘야 한다. 그가 자신에게 고통을 가하는 구조 밖으로 빠져나와도 결코 혼자가 아님을 확신시켜줄 수 있어야 하며, 구조악을 구조적으로 극복할 전략도 모색해야 한다.

8장

세월호 참사 이후
신학은 무엇을
말할 수 있는가?

신학(*theologia*)이란 하나님(*theos*)에 대한 언설(*logos*)이다. 그렇다면 세월호 참사 이후, 우리는 하나님에 대해 과연 무엇을 말할 수 있을까? 말할 수 있다면 무슨 명분으로, 무슨 근거로 말할 수 있을까? 일반 국민들이 바다에 수장된 생명들을 단 한 명도 살리지 못한 정부의 무능을 탓할 때,[1] 기독교인들은 하나님의 무능에 실망할 수밖에 없었다. 그토록 많은 사람이 어린 생명들을 구할 수 있게 해달라고 한마음으로 간구하고 애원했는데, 결국 한 명도 살아돌아오지 못했다. 기독교인이든 아니든 온 국민이 가라앉는 배를

---

1) 세월호 유가족 중 호성이 어머니는 "이런 세상인 줄 몰랐다"라며 한탄했다. "나는 이런 나라인 줄 정말 몰랐거든요. 대통령이 애도 없이 혼자 사니까 욕심 없이 똑바로 해줄 줄 알았는데 그 사람이 왔다가고 나서는 뭐가 더 이상했어요. 배를 가라앉혀놓고는 애들을 건져왔대요. 이 더러운 나라, 이 더러운 나라, 이 더러운 나라… 이런 나라에서 아등바등 하고 살았나…" 416 세월호 참사 시민기록위원회 작가기록단, 『금요일엔 돌아오렴』, 119-120.

보면서 그래도 기적이 일어날 거라는 희망의 끈을 놓지 않았건만 전능하신 하나님은 도대체 무얼 하고 계셨는지 모르겠다. 자기 아들을 아낌없이 내놓을 정도로 이 세상 모든 사람을 그렇게 사랑하신다는 하나님은 그 시간에 무얼 하고 계셨는지 묻지 않을 수 없다. 세월호 참사 이후 학교와 교회 강단에서 물끄러미 나를 쳐다보며 이렇게 묻고 있는 학생들과 교인들에게, 목사와 신학자로서 나는 아무 말도 할 수 없었다. 하나님은 도대체 그 시간에 어디서 무얼 하고 계셨던 것일까?

부끄러운 고백을 해야겠다. 솔직히 나는 그날 무슨 일이 일어났는지 전혀 모르고 있었다. 인터넷에서 짧게 '전원구조'라는 글귀만 보고 선박사고가 있었지만 무사히 모두 구조되었다고 짐작했을 뿐이다. 하지만 그것은 오보였고 거짓이었다. 실상은 참담했고 아찔했다. 아이들이 돌아왔어야 할 금요일에서야 나는 미디어를 통해 실상을 확인할 수 있었다. 죽은 아이들과 유족에게 너무 미안하고 죄스러웠고, 내 자신이 참으로 한심했다. 수난주간이었던 그날 성금요일 기도 순서를 맡은 나는 목이 메어 기도를 잇지 못했다. 그렇게 한 주를 보내고 그 다음 주 강의 시간에 학생들 앞에 섰는데도 여전히 부끄러워 고개를 들 수가 없었다. "그때 하나님은 어디 계셨습니까?" 그들이 마치 이렇게 따져 묻는 듯했다.[2]

---

2) 세월호의 아픔을 함께하는 이 땅의 신학자들, NCCK 세월호참사대책위원회, 『곁에 머물다』, 56-59 참조.

                          그날, 하나님은 어디 계셨는가

이제 우리는 2014년 4월 16일의 세월호 참사 이전으로 결코 돌아갈 수 없다. 그날 우리 눈앞에서는 세월호라는 이름의 배만 침몰한 것이 아니라 정부와 언론에 대한 국민의 신뢰도 함께 침몰하고 말았다. 선량한 아이들이 죽어가는데, 정부는 미디어를 통해 기만적인 쇼를 연출하기에만 급급했다. 하지만 내게는 설교자들과 신학자들의 하나님에 대한 언설도 그날 무의미의 바다에 함께 삼켜져버린 듯 보였다.

당장 사도신경 첫 구절이 의심스러울 수밖에 없다. 우리가 믿고 있는 하나님을 과연 전능하다고 할 수 있을까? 아니, 하나님이 설령 전능하다고 해도 그게 뭐 대수란 말인가? 우리 삶에서 아무런 능력도 보여주지 못하는 관념과 추상이 빚어낸 전능일 뿐, 그게 무슨 소용인가? 나는 2013년에 하나님의 전능에 관한 논문을 발표한 적이 있다. 그 논문에서 나는 하나님의 무능에 대한 현대신학의 진단을 충분히 공감하면서도 이를 조금이라도 넘어서고자 했다. 그리고 통속적 의미의 전능 개념인 만능과 신학적 의미의 전능을 개념적으로, 내용적으로 구분했다. 이 글을 쓰고 있는 동안에도 나는 계속해서 신의 무능과 전능 사이를 바장이고 있다. 왜냐하면 신앙고백적으로 하나님의 전능을 확신한다고 하더라도, 현실적으로 우리는 그분의 전능을 경험하지 못하고 있기 때문이다.

아우슈비츠 가스실에서 어머니를 잃은 한스 요나스(Hans Jonas, 1903-1993)는 "아우슈비츠 이후의 하나님 개념"이란 글에서, 전능의 개념은 상대를 완전히 무력화시켜버리기 때문에 관계개념일 수밖에 없는 힘과는 개념적으로 모순되며, 힘과 힘의 관계 속에 놓여 있는 현실에는 전혀 적용될 수 없는 "무의미한 개념"이라고 비판했다.[3] 우리가 전능하신 하나님을 신앙하더라도, 현실 속에서 우리는 실제로는 그분의 전능이 아니라, 어쩌면 전능의 일부로서 더 이상 전능이 아닌 힘을 경험할 뿐이다.

그런데 세월호 참사 이후 나는 하나님의 전능이나 힘보다는 그분의 약함을 더 많이 생각하게 되었다. 도저히 약해질 수 없는 무능한 전능보다는 오히려 약해질 수 있는 힘을 지닌 전능을 말하고 싶은 것이다. 나는 종종 초등학생인 아들과 야구를 한다. 아들과 더 즐겁게 놀기 위해서, 그리고 아들이 자기 힘으로 공을 칠 수 있도록 나는 내가 가진 본래의 힘을 빼고서는 아들의 수준에 맞춰 약하게 공을 던진다. 그러면 아들은 내 공을 받아치면서 환호한다. 아빠의 약함과 무능을 통해 아들은 힘을 얻는다. 아들과 함께 즐겁게 놀기 위해 스스로 약해지고 무능해질 수 있는 아빠야말로 위대한 힘을 지닌 아빠가 아닐까? 나는 하나님의 약함을 이런 관점에서 이해하고자 한다. 하나님은 우리와 함께하시기 위해, 우리와 관계하시기 위해 이 세상 안에서 약해지신다. 또 나는 힘없는 하

---

3) Hans Jonas, "Der Gottesbegriff nach Auschwitz. Eine jüdische Stimme," in *Philosophische Untersuchungen und metaphysische Vermutungen*(Frankfurt: Insel, 1992), 190-208, 202.

나님이 아무것도 할 줄 모르고, 할 수도 없는 무능한 존재가 아니라 우리에게 힘을 북돋아주시는 사랑의 아버지라고 믿는다. 하나님의 능력은 모든 약함 안에서 가장 완전하다(고후 12:9).

나는 하나님이 아우슈비츠를 막지 않으신 것이 아니라 본질상 막을 수 없었다고 말한 요나스처럼, 하나님이 무능하고 약해서 세월호 참사를 막을 힘이 없었다고 말하려는 것이 아니다. 하나님에 대한 변론으로서 신정론을 제시하려는 것도 아니다. 단지 우리가 경험하는 일상에서 하나님은 도대체 어떤 존재인가를 생각해 보자는 것이다. 분명 세월호 참사 이후 하나님의 전능을 말하는 것은 사치스럽고 허무맹랑하며, 그 의미가 무엇인지 알아듣기 어렵게 되었다. 나는 세월호 참사 이후 보다 분명하고 깊이 있게 하나님의 약함을 생각하지 않을 수 없었다.

하지만 하나님의 약함에 대한 사유는 하나님을 지나치게 인간적으로 대하는 것이 아닐까? 당연히 그렇다. 모든 신학은 하나님을 인간적으로 대한다. 곧 인간의 언어와 사유방식 안에서 생각하고 말할 수밖에 없다는 점에서 하나님은 인간적이다. 하지만 세월호 참사 이후 이와는 다른 의미로, 그리고 더욱 분명하게 하나님은 인간적이라고 말하고자 한다. 하나님은 우리와 함께 웃을 뿐 아니라, 함께 울고, 자신의 일에 대해 후회하고, 질투하고, 분노하신다. 어쩌면 하나님은 인간이 점점 더 비인간화되고 야수처럼 되어가는 시대에 우리보다 더 인간적이며, 우리보다 더 인간에게 가까이 계신 분으로 생각되어야 한다. 이 비인간의 시대에 하나님이 인간적이지 않다면, 우리는 어디서 인간적인 것의 표준을 발견할 수 있을까?

세월호 참사 이후 신학은 하나님을 인간적으로 생각할 뿐 아니라 인간이 되신 하나님, 곧 하나님의 성육신을 보다 구체적으로 생각해야 할 것이다. 구약성서에서 천사와 하나님이 구분되지 않거나, 혹은 하나님과 사람이 구분되지 않는 구절들에 주목할 필요가 있다.

아브라함은 어느 날 자신을 찾아온 손님 세 사람을 극진히 대접했다. 그런데 이 세 사람은 성서 본문에서 하나님이기도 하고, 천사이기도 하고, 나그네이기도 했다(창 18장). 또한 야곱은 오랜 타지 생활을 마치고 고향으로 돌아오는 길에, 형 에서가 두려워 가족들과 재산을 먼저 보내고 홀로 깊은 시름에 잠긴다. 그때 그는 얍복 강가에서 천사와 더불어 밤새 씨름을 했다. 그런데 그는 또한 하나님과 겨루었다는 이름을 얻었다(창 32장).

신약성서는 나사렛 사람 예수를 성육신하신 하나님, 하나님의 독생자(요 1:14), 보이지 않는 하나님의 형상(골 2:15)이라고 부른다. 도마는 십자가에 못 박힌 상처, 곧 부활 이후에도 여전히 상처자국이 남아 있는 손을 내민 예수에게서 자신의 하나님을 보았다(요 20:28). 이제 우리는 하나님을 추상적이고 관념적으로 사유할 것이 아니라 곁에 있는 사람들에게서, 특히 멸시천대를 받아 마치 존재하지 않는 것처럼 보이는 자들에게서(고전 1:28 참조), 그리고 슬픔과 비탄에 빠진 사람들에게서 그분의 현존을 구체적으로 경험할 수 있어야 한다. 하나님은 이 시대에 우리보다 더 인간적인 모습으로, 우리 자신보다 더 가까이 우리 곁에 머물러 계신다.

따라서 이제 나는 예수 그리스도 안에 계시된 하나님께 집중한다. 예수 그리스도 안에서 활동하셨던 하나님은 전능과 예정을 앞세워 고통당하는 자들 앞에서 자신을 변호하기에 급급했던 존재가 아니다. 오히려 하나님은 예수 그리스도 안에서 고통당하는 자들의 눈물과 절규를 자신의 것으로 받아들여 함께 통곡하며, 고난의 길이 생명의 길이 될 수 있는 희망을 비춰주신 분이 아니었던가! 또한 예수 그리스도 안에서 하나님은 사방이 꽉 막혀 모든 것이 정지된 절망의 시공간 속에서 여전히 보이지 않는 새로운 현실인 "하나님의 나라가 가까이 왔음"을 가능하게 하시는 분이었다. 그래서 나는 그분을 새로운 현실의 창조자요, 부활의 하나님이라고 부른다. 하나님 언설로서의 신학은 이제 예수의 삶에 대한 기억과 회상을 통해서만 가능하다. 다시 말하면, 우리와 동일하게 고달픈 삶의 현장에서 살았지만 인간의 현실에서는 도무지 기대하거나 찾아낼 수 없는 하나님 나라의 현실을 희망하고 선포하고 현실화시켰던, 하지만 결국에는 무기력한 모습으로 십자가에 못 박힌 나사렛 예수를 기억함으로써만 세월호 참사 이후의 신학은 출발점을 찾을 수 있다.

하지만 예수의 삶에 대한 기억과 회상은 동시에 그가 의지했고, 그와 함께했던 하나님에 대한 신앙과 분리될 수 없다. 예수 없는 하나님이 기독교 신앙의 하나님이 아니듯이, 하나님 없는 예수도 기독교 신앙의 그리스도일 수 없다. 예수의 삶에 대한 기억과 회상은 동시에 그와 함께한 하나님에 대한 신뢰와 희망과 연결된다. 이 점에서 기독교 신앙이 고백하는 하나님은 결코 추상적인 힘이나 인간적 소원을 극대화한 추상물이 아니라, 그 아들 나사렛 예수 안에서 무한한 자비와 사랑으로 함께하셨던 아버지 하나님이다.

심지어 부활하신 그리스도에게도 십자가의 상흔이 남아 있었듯이, 우리에게도 고통의 상처는 어쩌면 영원히 지워지지 않을지 모른다. 따라서 단순히 상처를 덮고 망각하는 것이 목적이 아니라, 상처를 끌어안고 살아갈 수 있는 용기가 절실하다. 지옥의 고통 속에서도 살아갈 수 있는 용기는 오직 사랑으로만 얻을 수 있다. 정녕 하나님은 우리가 받은 상처보다 더 깊이 우리 자신을 사랑하신다. 자신의 삶을 포기하고자 하는 자들조차도 결코 포기하지 않으시고 뜨겁게 끌어안으시는 하나님의 사랑이야말로 고통을 뚫고 일어서게 하는 하나님의 힘이며, 이 하나님이야말로 자신의 사랑을 통해 세상을 새롭게 창조하실 전능하신 아버지일 것이다.

더 나아가 세월호 참사 이후 우리는 하나님과 세상의 근본적인 관계에 대해 질문해보아야 한다. 하나님은 이 세상에서 완전히 손을 떼고 떠나셨는가? 아니면 세상의 모든 일은 신의 섭리 속에 있는가? 나는 앞서 세상과의 관계성 안에서 하나님이 약해지셨다고 말했다. 수많은 학생과 사람들이 차가운 바닷속에 잠길 때, 하나님은 마치 세상과 무관한 존재처럼 보일 수 있다. 설사 하나님이 정말 계신다 하더라도, 그는 더 이상 이 세상의 일에 관여하지 않는다고 느껴질 수도 있다. 하지만 하나님이 이 세상을 완전히 떠났다고 해서, 우리에게 다른 어떤 구원의 가능성이 주어지기라도 하는 것일까? 그렇지 않다. 더 절망적일 수밖에 없다. 신의 죽음을 선언했던 니체 자신이 누구보다 이 사실을 잘 알고 있었다.

> 그대들은 밝은 오전에 등불을 켜고 시장을 돌아다니며 끝없이 외치던 저 광인으로부터 듣지 못했는가? "나는 신을 찾고 있다! 나는 신을 찾고 있다!" 거기엔 신을 믿지 않는 많은 사람이 모여 있었기에 그는 큰 비방거리가 되었다. 그가 뭘 잃어버렸나? 한 사람이 말했다. 그가 아이처럼 길을 잃었는가? 다른 사람이 말했다.…광인이 그들 가운데 끼어들며 그의 시선으로 그들을 꿰뚫어보았다. "신은 어디로?" 그는 외쳤다. "나는 그대들에게 이것을 말하고자 했다! 우리가 그를 죽였다. 그대들과 내가! 우리 모두는 살인자다! 그러나 우리는 어떻게 이 일을 저질렀는가? 어떻게 우리는 바다를 삼킬 수 있었는가? 누가 우리에게 스펀지를 줘서 전체 지평선을 말끔히 지워버렸는가? 우리가 이 지구를 태양에서 해방시켰을 때, 우리는 무엇을 했단 말인가? 지구는 이제 어디로 움직이는가? 우리는 어디로 움직이는가? 태양에서 떨어져 나

가는가? 우리는 계속해서 추락하지 않을까? 뒤로, 옆으로, 앞으로 모든 방향으로? 위와 아래가 여전히 있는가?…신은 죽었다! 신은 죽은 채로 있다! 우리가 그를 죽였다! 모든 살인자 중의 살인자인 우리가 어떻게 우리를 위로할까? 세상이 지금까지 가졌던 가장 거룩한 것, 그리고 가장 힘 있는 것, 그것이 우리의 칼에 의해 피를 흘렸다."[4]

니체에 따르면, 신의 죽음에 의해 니힐리즘의 세계는 당혹감과 더불어 방향상실과 끝없는 추락을 경험한다. 이 추락은 사방팔방으로 진행된다. 신이 죽었다고 선언되는 세상에서 인간은 이 끝없는 추락을 견딜 수 없어 결국 또 다른 우상들을 만들고 있지 않은가? 과학과 기술, 자본과 경제, 도박과 마약, 명예와 권력, 그리고 종교와 맹신의 우상들을 말이다.

그래서 나는 마치 이 세상에서 하나님이 부재하는 것처럼 보인다 할지라도, 사랑의 하나님이라는 희망의 끈을 포기해서는 안 된다고 말하고 싶다. 신의 죽음과 신의 부재가 하나님 신앙을 결코 대신할 수 없다. 하나님조차 없다면 도대체 어디서 희망을 찾을 수 있겠는가? 신학자 한스 큉이 아우슈비츠에 관해 말한 것을 우리는 세월호 참사와 관련해서도 말할 수 있지 않을까?

---

4) Friedrich Nietzsche, *Werke in drei Bänden* (München: Hanser, 1954), Band 2: Die Fröhliche Wissenschaft, Nr. 125(126).

그날, 하나님은 어디 계셨는가

그렇다면 무신론이 해결책인가? 무신론은 아우슈비츠에서 자신의 저 당물을 보게 되는 것인가? 아우슈비츠는 정녕 무신론의 초석인가? 아니면 차라리 아우슈비츠는 무신론의 결과와 종말인가? 진정 무신론이 세상을 더 잘 해명하는가? 세상은 장엄한가? 아니면 비천한가? 불신앙이 지금의 세계를 해명해주는가? 불신앙은 무고한 고난, 파악할 수 없는 고난, 무의미한 고난을 위로해줄 수 있는가? 마치 모든 불신앙적 이성은 이러한 고난에도 자신의 한계가 없다는 듯이! 아니다. 반(反)신학도 여기서 신학보다 더 나은 것은 아니다.[5]

어쩌면 세월호 참사는 돈을 하나님으로 섬기는 자본주의와 무신성으로 가득 찬 파렴치한 정치의 합작품이다. 그 안에서 우리는 한국사회가 얼마나 모순되었는지 그 민낯을 생생히 보았다. 진실보다는 거짓이, 생명보다는 권력이, 사람보다는 돈이 지배하는 하나님 없는 세상을 보았다. 물론 세월호 참사 이후 기존의 유신론도 유지되기 어렵지만 분명 무신론도 해답일 수는 없다. 세상이 정의와 평화로 새롭게 창조될 것이라는 희망의 최종적 근거인 하나님조차 존재하지 않는다면, 더 큰 혼란과 무기력에 휩싸이지 않겠는가? 이처럼 세월호 참사는 유신론의 토대도, 무신론의 확증도 될 수 없다.

---

5) Hans Küng, *Das Judentum*, 727-728.

나는 세월호 참사 이후 하나님의 전능보다는 그분의 약함을 더 깊이 생각할 수밖에 없지만, 그렇다고 하나님 자신조차 포기할 수는 없으며, 하나님이 창조하실 종말론적 미래조차 제거할 필요는 없다고 말하고 싶다. 하나님의 미래는 여전히 최종적 희망으로 남아 있고, 하나님은 이 미래적 희망의 근거가 되신다. 하나님이 세상을 정의롭게 하시는 날, 이 땅의 모든 눈물과 애통과 불의를 없애시는 날, 그날에 하나님 스스로 자신의 정당함을 입증하실 것이다.

그렇다면 하나님과 세상은 어떤 관계 속에 있는가? 혹자는 예지와 예정의 교리를 앞세워 세상만사가 모두 하나님의 계획대로 진행되고 있다고 말한다. 나는 이런 신앙을 맹목적이라고 말하고 싶다. 이들은 현실을 정직하게 보지 못하고 있다. 예지와 예정의 전통적 관념에 따르면, 하나님은 마치 구슬을 통해 세상사를 보는 마술사처럼 세상 밖에 계셔도 상관이 없다. 왜냐하면 그는 세상이 만들어지기 이전에 이미 모든 것을 예지하고 예정해놓았으며, 예정해놓은 완전한 계획에 뒤늦게 무언가를 더 첨가하는 불완전함을 보일 필요가 없기 때문이다. 하지만 하나님은 세계 밖에 머물러 계신 분이 아니라 세계 안으로 침투해 들어오시며, 그 세계 안에서 우리를 위해 행동하시는 분이시다.

세월호 참사 이후 나는 현실에서 일어나는 구체적이고 세부적인 일들에 관해 더 이상 예정을 말하기가 어려워졌다. 만일 하나님의 예정을 말한다면 거대한 역사의 방향으로서, 구원의 원리로

그날, 하나님은 어디 계셨는가

서만 말할 수 있을 것이다.[6] 즉 하나님은 예수 그리스도 안에서 구원의 역사를 이루어가기로 예정하셨고, 우주의 역사가 하나님의 창조 역사 안에 편입되도록 예정하셨다고 말할 수 있을 뿐이다. 앞에서 언급한 것처럼, 개인적으로 나는 예정이란 단어보다 섭리라는 단어를 선호한다. 섭리는 피조세계를 위한, 피조물과 함께하는 하나님의 창조의 모험이다. 세상의 역사는 창조의 과정 속에 있다. 하나님은 피조물과 함께 창조의 모험을 감행하시며, 세상의 역사가 창조의 완성에 다다를 때까지 세상에 대한 책임을 스스로 짊어지신다. 창조의 완성 없이 하나님은 하나님 되심을 증명하지 못하며, 하나님 없이 세상의 역사는 창조의 완성에 도달하지 못한다.

따라서 나는 하나님과 세상의 관계가 상응이나 일치 속에 있다고 말하고 싶지 않다. 또는 분리나 병존의 관계도 아니다. 하나님과 세상은 평행선이 아니라 대립과 모순관계에 놓여 있다. 하나님은 세상을 향하지만, 세상은 하나님을 등진다. 하나님은 세상의 존속을 원하시지만, 세상은 하나님 없는 독존을 선택한다. 하나님은 사랑과 공존을 원하시지만, 세상은 반목하고 소외시킨다. 그럼에도 하나님은 세상과의 관계의 끈을 놓지 않으실 뿐 아니라 자신

---

6) 조석민 외, 『세월호와 역사의 고통에 신학이 답하다』, 43-54 참조. 이 책에서 권연경 교수는 "원론적으로 모든 역사는 하나님의 역사"임을 고백하면서도, "우리가 두 발로 걷는 삶의 구석구석에는 이런 '전체 조명'으로는 밝혀질 수 없는, 아니 오히려 더 어두운 그림자가 지는 것처럼 보이는 복잡한 도덕적 굴곡이 존재한다"고 했다(45).

에게 반항하는 세상을 여전히 품고 계신다. 따라서 하나님의 가까이 오심은 세상과의 모순을 드러낸다. 하나님이 창조할 미래적 현실은 오늘날 우리의 현실과 대척관계에 있다. 하나님 나라는 '아직' 이 땅의 나라가 아니다. 우리는 여전히 이렇게 기도할 뿐이다. "주의 나라가 오시옵소서!" 그런 점에서 하나님의 뜻은 하나님 자신에 의해 이 땅에 실현되어야 할 그 무엇이지, 이 땅에서 생성되고 발전하는 것이 아니다.

지금까지 나는 세월호 참사 이후 하나님에 대해 무엇을 말할 수 있는지를 고민하며 일종의 개인적 제안서를 제출했다. 동시에 이와 더불어 세월호 이후 신학함이 어떻게 가능한지를 다시 묻게 되었다. 도대체 신학한다는 것이 무엇인가? 성서나 신학고전에서 몇 문장을 인용하고서 그것이 신학이라고 착각하면 안 된다. 그것은 문헌학일 뿐이다. 고대든 중세든 현대든, 어떤 신학자의 사상이나 생애를 잘 안다고 해서 신학을 잘하는 것도 아니다. 그것은 인물연구에 불과하다. 신학 자료를 풍부하게 확보했다고 해서 그것을 신학이라 부를 수 있는 것도 아니다. 그런 식으로 따지면 포털사이트가 더 많은 신학정보를 가지고 있다. 나는 이것을 네이버혹은 구글 신학이라고 부른다. 우리에게 가장 필요한 것은 자료로서의 신학이 아니라 사유활동으로서의 신학함이다.

신학을 한다는 것은 무엇보다 생각한다는 것이다. 하나님 사유로서의 신학은 하나님을 생각한다. 하나님이 누구이신지, 하나님이 존재하시는지, 하나님은 어떻게 활동하시는지를 생각하는 것이다. 하나님 사유로서의 신학은 먼저 하나님에 대해 질문함으로써만 생각한다. 그래서 신학은 우선적으로 질문의 신학이다. 그런데 더 근원적으로 묻자면, 우리는 이런 질문을 어디서 얻는가? 왜 우리는 이런 질문을 던지는가? 정녕 하나님 사유로서의 신학은 하나님에 대해, 하나님께 묻는다. 하지만 질문에 사로잡히지 않고서는 물을 수 없다. 질문한다는 것은 먼저 질문에 사로잡혀 있음을 전제한다.

성서를 보면 하나님이 먼저 인간에게 묻는다. "아담아 네가 어디 있느냐?", "네 동생 아벨은 어디 있느냐?" 인간이 하나님을 찾기 전에 하나님이 먼저 인간을 찾으셨다. 그리고 하나님이 인간을 찾아오셔서 던진 첫마디는 질문이었다. 하나님의 존재와 말씀은 인간에게 의문을 불러일으킨다. 하나님은 우리 인간이 딛고 선 확실한 발판을 뒤흔들어 놓고 의심스럽게 만든다. 이처럼 신학적 관점에서 보면 하나님은 질문의 대상일 뿐 아니라, 우선적으로 질문의 주체며 근원이시다. 질문으로 찾아오시는 하나님은 질문을 통해 우리가 서 있는 익숙한 자리를 떠나게 하신다. 따라서 신학은 언제나 나그네 신학이며, 하나님의 질문과 더불어 떠나는 신학이다.

그렇다면 구체적으로 하나님의 질문은 무엇을 통해 오는가? 성서와 시대라는 신학의 두 축이 하나님의 질문이 흘러나오는 스피커라고 할 수 있다. 우리는 성서를 통해 질문하시는 하나님 앞에설 수 있다. 또한 시대의 도전과 자극을 통해 미지의 땅으로 떠나라는 하나님의 요구를 듣는다. 시대의 질문을 듣지 못하는 신학은 죽은 신학이다. 성서의 질문을 듣지 못하는 신학은 더 이상 신학이 아니다. 아우구스티누스나 아퀴나스, 루터나 칼뱅, 슐라이어마허나 바르트나 불트만, 틸리히, 본회퍼, 몰트만의 위대한 신학도, 이 시대를 통해 질문하시는 하나님의 질문의 빛에서는 우리가 머물 최종적 본향이 아니다. 신학함은 성서를 통해 시대를 묻고, 시대를 통해 성서를 묻는 끊임없는 사유활동이다. 그런 점에서 세월호 참사의 고통이 제기하는 질문은 성서와 신학전통 전반을 비판적으로 되묻게 만든다.

세월호 참사 이후 이제 성서로부터 교리적 필터를 거쳐 이 시대로 옮겨오는 일방통행식 번역신학은 모두 무의미해졌다. 이런 일방통행식 번역신학은 시대착오적 동어반복과 무의미한 독백으로서, 우리 삶의 자리와 소통하는 데 실패할 수밖에 없다. 오히려 세월호 참사 이후 신학은 이 시대의 냉엄한 현실로부터 출발하여 성서의 본래적 정신을 더욱 강도 높게 캐묻고, 교리적 전통을 비판적으로 숙고하며, 성서를 통해 현시대의 정신을 비판적으로 의심하는 순환적 질문의 신학으로 전개되어야 한다. 우리는 성서에 대한 교리해석의 반복이나 계승을 중시하기보다는, 시대가 제기하는 질문의 빛에서 기존의 신학전통에 내재한 문제점을 들춰내고 신학사를 문제사로 읽어가는 비판적 독법을 시행해야 한다. 일방통행식 번역신학이 과거중심적이라면, 세월호 참사 이후에 요구되는 순환적 질문의 신학은 현재를 중시하지만 성서의 물음을 통해 시대정신을 또한 의심한다는 점에서 단순히 현재중심적인 것만은 아니다. 현재에서 과거로, 과거에서 현재로 순환하는 질문의 소용돌이 속에서 궁극적으로 질문의 신학은 새로운 가능성으로 개방될 하나님의 미래를 추구하는 미래지향적 신학이다.

"하나님 자신이 아니면 그 누구도 하나님께 대항할 수 없다"(*Nemo contra deum nisi deus ipse*). 몰트만은 독일의 대문호 괴테의 『시와 진실』네 번째 책에 등장하는 이 말을 『십자가에 달리신 하나님』에서 삼위일체론적으로 해석하여 사용했다.[7] 시편 22편에 이미 존재하던 기도는 이제 예수의 입에서 절규처럼 터져 나왔다. 십자가에 달린 성자 하나님이 성부 하나님께 대항하며 따져 묻는다. "나의 하나님, 나의 하나님 어찌하여 나를 버리시나이까?"

그럼 정말 하나님만이 하나님께 대항할 수 있을까? 나는 아니라고 본다. 부조리하고 무의미한 고통에 직면한 자는 누구나 하나님께 대항할 수 있다. 왜냐하면 그는 자신이 딛고 서 있는 삶의 터전이 송두리째 흔들리는 경험을 했기 때문이다. 그래서 그는 삶의 최종적인 터전이어야 할 하나님께 따져 물을 수밖에 없다. 고통에 대한 항변은 하나님에 대한 가장 심오한 형태의 질문이다. 가장

---

7) 위르겐 몰트만, 『십자가에 달리신 하나님』, 162-163.

큰 의심을 품은 자만이 가장 큰 확신에 도달할 수 있다.

　세월호 참사 이후 이 땅의 신학은 대답의 신학이 아닌, 이 땅에서 신음하며 고통당하는 자들의 질문을 통해 하나님에 대해 질문하고, 또한 하나님께 묻는 질문의 신학이어야 한다. 질문의 신학의 관점에서 보면, 질문의 근원이신 하나님은 고통당하는 자들이 의심과 항변을 통해 하나님 자신에게 대항하도록 허락하신다. 나는 하나님에 대한 무한한 신뢰와 희망 속에서 감히 이렇게 기도한다. "하나님의 영이시여, 세월호 안에서 어찌해야 할지 모르는 자들과 함께하셨고, 또한 그들을 위해 말할 수 없는 탄식으로 기도하셨던 성령이시여, 지금 여기서 고통당하는 자들을 위해 또한 말할 수 없는 탄식으로 기도해주소서. 성자 예수 그리스도시여, 홀로 버려지는 아픔을 아시는 주님이시여, 십자가에서 버림받아 고난당하는 자의 모습으로 고통당하는 자들의 손을 꼭 잡아주소서. 성부 하나님이시여, 저항하고 항변하는 자들의 부르짖음을 들어주소서. 영원히 우리와 함께하실 하나님, 저들을 당신의 품에 고이 안아주소서. 저들을 기억하는 가족과 친지에게 무한한 위로와 용기를 주소서."

　아우슈비츠와 마찬가지로, 이제 세월호는 인간의 극악과 비극을 분명하게 보여주는 아이콘이 되었다. 세월호 참사 안에서, 그동안 위대한 듯 보였던 정부와 자본과 기술과 군사조직의 무능과 부정과 비인간성의 죄악이 고스란히 드러났다. 이제 더 이상 우리가 살아가는 현실은 무비판적으로 긍정될 수 없다. 따라서 신학은 하나님과 세상의 모순관계를 염두에 두고서 끊임없이 현실을 의심하며 비판해야 한다.

차가운 바닷속으로 침몰해버린 세월호 안에서 신음하고 부르짖는 자들의 아픔을 기억하고 회상하고자 하는 신학은 저들을 삼켜버린 세상의 경제, 정치, 사회, 문화, 종교 등의 모든 현실을 문제시하며 비판할 수밖에 없다. 현실에 대해 낙천적이고 긍정적인 신학은 세월호와 함께 이미 침몰해버렸다. 세월호 참사 이후의 신학은 더 이상 현실성 없는 교리들의 반복이나 사변철학적인 추상으로는 불가능하다. 이제 신학은 가장 현실적이 되어야 한다.

그렇다면 삶의 현실과 관련해서 생각할 때, 하나님의 전능은 이제 완전히 폐기되어야 하는가? 아니면 새롭게 이해되어야 하는가? 이제 우리는 가장 심도 있게 생각해야 하는 주제에 도달했다. 과연 우리가 살아가는 이 부조리한 현실 속에서도 여전히 전능하신 하나님을 신앙할 수 있을까? 과연 어떻게 그럴 수 있을까?

9장

나는
전능하신 하나님을
믿습니다[1]

문제제기

"나는 전능하신 하나님을 믿습니다"라는 고백은 기독교 신앙에
서 가장 오래된 신앙고백이다.[2] 아우구스티누스에 따르면 무로부
터의 창조는 신의 전능에 의해서만 가능하며, 이러한 전능 개념은

---

1) 이 글은 「한국기독교신학논총」 88(2013), 85-112에 발표되었고, 여기서 약간 수정했
   음을 밝힌다.
2) 이미 기원후 약 100년경의 디다케에 나오는 기도문에서도 하나님은 "전능한 통치자"로
   명명되고 있다. 3세기경 히폴리투스(Hippolyt)에 의해 작성된 "사도전승"에서도 세례
   문답자에게 "당신은 하나님, 아버지, 전능자를 믿느냐?"고 묻고 있다. 물론 이후의 니케아
   공의회 문서나 거의 모든 신앙고백서에서 하나님은 전능자로 고백되고 있다. Reinhard
   Feldmeier, "Nicht übermacht noch Impotenz. Zum biblischen Ursprung des
   Allmachtsbekenntnisses," in W. H Ritter/R. Feldmeier/W. Schoberth/G. Altner,
   Der Allmächtige. Annärungen an ein umstrittenes Gottesprädikat(Göttingen:
   Vandenhoeck & Ruprecht, 1997), 13-42, 13-14; August Hahn(Hg.), *Bibliothek
   der Symbole und Glaubensregeln der Alten Kirche*, hr. v. G. Ludwig Hahn
   (Hildesheim: Georg Olms Verlagsbuchhandlung, 1962), 364-373.

기독교 신앙 이외의 다른 유신론적 종교에서도 심지어 신을 믿지 않는 자들에게서조차도 신과 관련된 자명한 전제였다.[3] 일례로 그리스의 신화적 신학에 대해 철학적 비판을 감행했던 크세노파네스(Xenophanes)도 신적 존재의 절대적 힘을 자명한 것으로 받아들였다.[4] 이처럼 신과 전능성은 불가분의 관계로 이해되었다.

일반적으로 "모든 것을 다 할 수 있다"는 통속적인 의미의 전능 개념[5]은, 신이 있다면 반드시 신에게 귀속되는 필수적인 속성으로 이해되고 있다. 현대 신학자 루돌프 불트만은, 하나님은 하나의 개별적인 힘이 아니라 "세계 내의 모든 개별적인 것에 미치는 힘"이기에 "전능 사상(思想)은 하나님 사상 그 자체"[6]에 속하는 것으로 이해했다. 또한 파울 틸리히에 따르면 "전능의 상징은 유한

---

3) A. Augustinus, *Sermo* 240,2,2. "나에게 하나님이 전능자라고 말하지 않는 이방인을 제시해보라.···그가 그리스도를 부정할 수는 있지만 전능한 하나님을 부정할 수는 없다." Jan Bauke-Ruegg, *Die Allmacht Gottes. Systematisch-theologische Erwägungen zwischen Metaphysik, Postmoderne und Poesis*(Berlin/New York: Walter de Gruyter, 1998), 6쪽 각주 12에서 재인용.

4) 제디스 맥그리거, 『사랑의 신학』, 김화영 옮김(서울: 대한기독교서회, 2011), 47 이하 참조.

5) 인터넷 네이버 사전에 따르면, 전능은 "모든 일을 다 행할 수 있는, 하느님의 적극적 품성"이다. http://krdic.naver.com/detail.nhn?docid=32930900. 그 예문들로 보아 전능은 다소 부정적이고 강압적인 의미를 지니는 것으로 이해될 수도 있다.

6) R. Bultmann, "Die Frage der natürlichen Offenbarung"(1941), in Ders., *Glaube und Verstehen. Gesammelte Aufsätze* Bd. 2(Tübingen: UTB, 6. Aufl., 1993), 79-104, 81.

그날, 하나님은 어디 계셨는가

성 안에 함축된 질문에 대한 첫 번째 그리고 근본적인 대답이다."[7] 서구의 근대철학에서도 신의 전능성은 고수되었다. 데카르트(R. Descartes, 1596-1650)는 자아의 확실성에 도달하는 과정에서 전능자를 보증인으로 삼으며, 칸트(I. Kant, 1724-1804)도 전능자를 도덕의 최후 보증인으로 삼는다. 바우케-뤼의 분석에 따르면, 신의 전능성은 "데카르트에서 칸트를 넘어 포이어바흐에 이르기까지 근대의 기초적인 재산목록에 속한다."[8] 마찬가지로 융엘의 분석에 따르면, 근대철학에서 신의 사랑과 긍휼은 "부차적이고 후속적인" 개념이었던 반면, 전능한 통치자의 개념은 주된 개념에 속한다.[9]

하지만 그동안 자명하게 전제되었던 신의 전능에 대한 생각은 아우슈비츠나 세월호 참사와 같은 전대미문의 사건을 경험한 우리 시대에는 더 이상 자명한 것으로 받아들여지기 어려워졌다. 이 장에서는 기독교 신앙과 신학에서 자명했던 신의 전능에 대한 오늘날의 문제제기를 살펴보고, 이와 관련하여 통속적인 의미에서 신의 전능을 말하기보다는 기독론적·창조론적 관점에서 하나님의 힘을 재규정함으로써 전능 개념을 포기하거나 변용하고자 하

---

7) Paul Tillich, *Systematische Theologie* I(Berlin/New York: Walter de Gruyter, 8. Aufl., 1984), 313, 314.
8) 이에 대해서는 Jan Bauke-Ruegg, *Die Allmacht Gottes*(1998), 18쪽 이후를 참조. 인용은 30.
9) E. Jüngel, *Gott als Geheimnis der Welt*(Tübingen: Mohr Siebeck, 7. Aufl., 2001), 23.

는 현대 신학자들의 견해를 요약하려고 한다. 하지만 신의 전능보다는 약함과 무능을 앞세우는 현대 신학의 경향에도 불구하고 하나님의 힘은 기독교 신앙고백의 중심주제이기에 통속적인 전능의 개념에서 탈피하여 기독교 신학이 주장해왔던 전능의 개념을 반성적으로 계승하는 것도 중요하다고 보고, 먼저 기독교 신학의 고전적 전능의 의미를 고찰하며, 이것을 오늘날의 성서해석에 기초한 하나님의 힘에 대한 이해와 연관시키고자 한다. 결과적으로 이를 통해 오늘날 "나는 전능하신 하나님을 믿는다"는 고백이 무엇을 의미하는지를 제언하고자 한다.

전능에 대한 회의

오늘날 신의 전능에 대한 의심은 다양한 차원에서 일어난다. 무엇보다도 아우슈비츠와 같은 전대미문의 고난을 경험한 이들에게 신의 전능은 극단적인 의심을 받게 되었다. 신정론의 트릴레마(신의 전능과 선함, 그리고 악의 현존의 양립불가능성)[10]에 직면하여 현대적 사유는 기존의 사상사적 전통과는 달리 신의 전능을 포기한다. 이러한 상황을 한스 요나스는 다음과 같이 서술한다.

---

10) 신정론의 트릴레마는 일찍이 에피쿠로스(Epikuros, B.C.E. 341-270)에 의해 제기되었다. 그의 문제제기는 Lactantius, *De ira Dei*, 13, 20에 등장한다. 트릴레마의 문제설정과 현대적 논의에 대해서는 박영식, 『고난과 하나님의 전능』, 28-41을 참조바람.

우리는 어쩌면 우리의 사변신학적 모험 안에서 가장 비판적인 지점에 이르렀다. 그것은 신이 전능하지 않다는 사실이다! 사실상 우리가 주장하는 것은 우리의 신상(神像)을 위해, 그리고 신적인 것과 우리의 전적인 관계를 위해 절대적이며 비제약적인 신적 힘에 대해 예전부터 사용된 (중세적) 교리를 더 이상 견지할 수 없다는 것이다.[11]

신정론의 질문에 대한 합리적인 답변을 제시하고자 할 때,[12] 만약 신의 전능을 포기하지 않으면, 신의 선함을 포기해야 할 것이다. 이때 신은 전능해서 아우슈비츠로 상징되는 참혹한 고통의 상황을 미연에 방지하거나 고통을 제거할 수 있지만, 선하지 않기 때문에 그렇게 하기를 원치 않는다고 답하게 될 것이다. 하지만 이러한 대답은 기독교 신앙이 고백해왔던 하나님의 선하심과 그분의 사랑에 정면으로 위배된다. 문제는 신의 선함을 포기하지 않으려면, 신의 전능을 포기해야 한다는 것이다. 즉 하나님은 피조물을 향한 그분의 사랑 안에서 참혹한 고통의 상황을 앞서 차단하고자 하시지만, 그럴 힘이 없다고 답하게 된다. 과연 이러한 대답은 기독교 신학에 타당한 것일까? 이에 대해 현대 신학자들은 전능 대신에 하나님의 약하심(또는 무능)을 말하면서 신정론 문제에

---

11) Hans Jonas, "Der Gottesbegriff nach Auschwitz. Eine jüdische Stimme," 201.
12) 합리적 신정론의 유형에 대해서는 박영식, 『고난과 하나님의 전능』, 230-238을 참조 바람.

대한 기독교적 대안을 제시하고자 한다.

다른 한편으로 신적 전능의 개념은 인간 또는 피조물의 자유와 상충될 수밖에 없다. 여기서 문제는 전능한 신은 피조물의 행위와 의지까지 지배하느냐는 물음이 제기될 수밖에 없다는 것이다. 또는 전능한 신이 세상의 모든 일을 주관한다면 과연 인간과 피조물에게 자유가 있다고 할 수 있느냐는 물음에 직면하게 된다. 뿐만 아니라 전능한 신은 지적 능력에서도 무한하다. 전지와 전능은 구분될 수 있지만 분리될 수는 없으며, 넓은 의미에서 전지는 전능에 속한다. 신은 모든 것을 알고 있다.

전능한 신은 앞으로 일어날 일을 알고 있으며, 그 일은 반드시 일어나야 한다. 즉 신적 예지와 예정은 분리될 수가 없다. 영원 안에서 모든 일을 알고 계신 신의 전능한 지적 능력을 주목한다면, 과연 인간에게 자유가 있다고 말할 수 있을까? 신이, A라는 인간이 B라는 시점에 C라는 행위를 할 것을 알고 있다면, 그는 반드시 그 시간에 그 일을 할 수밖에 없다. 그렇다면 그에게 자유가 있다고 할 수 있을까? 물론 겉으로 보기에 신은 인간의 의지를 속박하거나 강제하지 않고 다만 인간이 자신의 의지대로 무엇을 할 것인지를 미리 알고 있을 뿐이었다고 할 수 있다. 이런 견지에서 신의 예지와 인간의 자유의지는 양립가능한 듯 보인다.

여기서 행위의 자유와 의지의 자유를 구분해볼 수도 있다. 즉 신적 예지와 예정으로 인해 인간의 행위는 예지된 것을 행하기 때문에 다른 것을 행할 자유가 없다고 하더라도, 그의 의지는 자유하다고 말할 수 있는 것처럼 보인다. 하지만 인간은 그 자신이 하고자 하지 않은 일을 행한다고 할 수 있을까? 물론 그의 의지와는 상반되는 행위를 할 수도 있다. 그러나 항상 그렇지는 않다. 그렇다면 그의 의지도 신의 전능한 예지력 안에서 선택의 자유를 박탈당했다고 해야 하지 않을까? 더 나아가 전능한 신이 의지조차 조정할 수 있다고 한다면, 과연 인간에게 선택의 자유가 있다고 할 수 있을까?[13]

전능의 개념과 관련해서 분석철학적 의문도 제기된다. 여기서는 전능 개념 자체가 모순적이라고 본다. 고전신학의 전통에서도 '전능'의 개념 자체가 무엇을 의미하며, 과연 유의미한 개념인지를 따져 묻고 있다. 예컨대 아우구스티누스와 아퀴나스에게서도 신의 '전능'은 쉽게 정의될 수 있는 개념이 아니었다. 신이 전능하다는 것을 자명한 전제로 인정하면서도 정작 '전능'이 무엇을 의미하는지에 대한 규정은 쉽지 않았다. 왜냐하면 "모든 것을 할 수 있다"는 통속적인 의미의 전능은 그 힘의 실행에서 이미 모순이 드러나기 때문이다. 일상적으로 통용되는 통속적인 의미의 전능 개

---

13) 아우구스티누스와 아퀴나스는 신의 예지와 인간의 자유의지가 양립 가능하다고 보았다. 이에 반해 루터는 스콜라주의를 거부하며 인간의 부자유를 주장한다. 이와 관련해서는 박영식, "하나님의 섭리와 인간의 자유", 159-179; Nelson Pike, "Divine Omniscience and Voluntary Action," *Philosophical Review* 74(1965), 27-46.

념과 관련하여 맥키는 "전능의 역설"을 제시한다. "전능한 존재는 자신이 나중에 통제할 수 없는 사물들을 만들 수 있는가?" 이런 사태는 전능한 존재를 가정할 때만 역설이 되는 것이다. 즉 인간에게 이런 사태는 역설이 아니다. 인간은 자신이 통제할 수 없는 사물을 만들 수 있다고 답변할 수 있다. 하지만 전능한 존재를 가정했을 때는 어떤 식으로든 대답이 불가능하다. 따라서 문제의 어려움은 전능성 자체에 있다.[14] 이처럼 전능이 모든 것을 다 할 수 있다는 통속적 의미로 정의될 때, 전능의 개념은 자체 모순에 빠지게 된다.[15] 따라서 앤서니 케니(Anthony Kenny)가 말한 것처럼, "전지하다는 것이 무엇인지를 정의하는 것은 쉬운 반면, 전능을 정의하는 것은 쉽지 않다."[16]

다른 한편 전능의 개념은 인간의 힘에 대한 욕구와 결합하여 파괴적인 모방을 가능케 한다. 신적 전능에 대한 통속적 관념은 오늘날 영화나 만화와 같은 매체가 보여주는 다양한 슈퍼영웅들

---

14) J. L. Mackie, "Evil and Omnipotence," ed., William L. Rowe, *God and the Problem of Evil*(Oxford: Blackwell Publishers, 2001), 77-91, 87-88. 인용은 87.

15) Anthony Kenny, *The God of the Philosophers*, 91-99. 케니는 다양한 정의들을 비판적으로 검토한 후에, 전능의 개념 하나를 제안한다. 그에 따르면 전능은 그 힘이 행사되었을 때 어떤 논리적 불가능성도 수반하지 않는, 논리적으로 가능한 모든 힘을 소유한 상태라고 할 수 있다(96-99); 하지만 쿠체라는 "전능 개념의 명료화는 불가능"하다고 본다. Franz Kutschera, *Vernunft und Glaube*(Berlin/New York: de Gruyter, 1991), 50.

16) Anthony Kenny, *The God of the Philosophers*, 91.

그날, 하나님은 어디 계셨는가

속에서 정의를 구현하거나 악당을 물리치는 모습으로 등장한다. 하지만 이들이 보여주는 힘은 폭력적이고 파괴적이다. 폭력에 대항하는 이들의 폭력성은 전능에 대한 왜곡된 관념을 심어줄 뿐 아니라, 폭력적인 전능성에 대한 실제적인 모방을 양산한다.[17] 또한 서구의 정신사와 연관해서 살펴볼 때 퇴락해버린 신의 자리를 인간이 대신하면서 전능한 인간, 전능한 과학, 전능한 의학에 대한 욕구들이 표출되는 것을 볼 수 있다. 그 결과 이러한 전능에 대한 욕구와 성취에 대한 환상은 인간 본연의 연약함을 망각하게 하고, 인간의 비인간화를 가속화시킨다.[18]

이처럼 "모든 것을 다 할 수 있다"는 통속적인 전능의 의미는 여러 문제점을 양산한다. 이런 문제점에 직면하여 과연 기독교 신학은 전능하신 하나님에 대한 고백을 포기해야 하는가? 아니면 전능의 의미를 신학적으로 새롭게 규정해야 하는가?

---

17) 전능의 모방적 폭력에 대해서는, 월터 윙크, 『사탄의 체제와 예수의 비폭력』, 한성수 옮김(서울: 한국기독교연구소, 2004), 43-78과 Daniel L. Migliore, *The Power of God and the gods of Power*(Louisville: Westminster John Knox Press, 2008), 17-36를 참조바람.

18) Horst E. Richter, *Der Gotteskomplex. Die Geburt und die Krise des Glaubens an die Allmacht des Menschen*(Hamburg: Rowohlt, 1979). 또한 배타적 유일신론에 부여된 전능성의 속성은 폭력을 가능케 하는 잠재적 근거를 함유하고 있다고 분석한 얀 아스만(Jan Assmann)의 연구서, *Der mosaische Unterscheidung oder der Preis des Monotheismus*(München/Wien: Carl Hanser Verlag, 2003)도 참고바람.

오늘날 기독교 신학에서 하나님의 힘에 대한 새로운 사유들은 하나님의 전능을 새롭게 재해석한다. 이 과정에서 전능은 약함 또는 무능으로 해석되기도 하며, 오히려 하나님의 약함 또는 무능이야말로 하나님의 전능이라는 역설을 가져오기도 한다. 과연 기독교의 하나님은 전능한가? 아니면 약하고 무능한가? 하나님의 전능을 새롭게 해석하고 규정하는 현대신학적 시도들을 크게 다음의 두 가지 접근방식으로 정리해볼 수 있다.[19]

• 창조신학적 접근 전통적으로 하나님의 창조는 하나님의 전능과 연관하여 이해되었다. 사도신경(Apostolicum)에서도 창조주와 전능자는 명시적으로 연결되어 있다. 하지만 현대신학에서 창조는 하나님의 전능이 아니라 하나님의 케노시스와 연결된다. 하나님의 세계창조에 앞서 일어난 사건은 하나님의 자기비움과 자기제한이다.

---

19) 전능에 대한 과정신학의 사유는 이 글에서 다루는 두 가지 접근방식에서 예외다. 과정신학은 전능의 개념을 창조신학적으로나 기독론적으로 재해석한 것이 아니라 화이트헤드의 과정철학에 근거하여 이미 전능의 포기를 전제하고 있다. 하지만 저명한 해체주의 신학자 카푸토(John D. Caputo)도 그의 책, *The Weakness of God. A Theology of the Event*(Bloomington & Indianapolis: Indiana University Press, 2006), 42 이하와 55 이하에서 하나님의 약하심에 대한 신학적 근거를 '십자가의 로고스'와 '창조의 모험'에서 찾는다.

예컨대 몰트만은 유대교의 카발라 전통을 따라 하나님의 창조를 하나님의 자기제한과 연결시켜 이해함으로써 하나님의 힘과 세계창조의 관계를 새롭게 모색하고자 했다. 그는 아우구스티누스 이후로 기독교 신학은 창조와 관련하여 삼위일체 하나님의 밖을 향한 행위(*opus trinitatis ad extra*)만을 말해왔다고 지적하면서, 과연 전능하고 무소부재한 하나님에게 자신의 바깥이 있을 수 있는지를 묻는다.[20] 몰트만의 질문은 만약 하나님에게 바깥이 있다면, 그 바깥은 하나님처럼 영원할 수밖에 없으며 이로 인해 우리는 하나님의 무소부재에 대해 말할 수 없게 된다는 것이다.[21] 몰트만은 하나님의 바깥을 생각할 수 있는 단 하나의 가능성이 있다고 말한다. 그것은 창조 이전의 활동으로서 "자신의 현존을 거두어들이고 자기의 힘을 제한함으로써 그의 '무로부터의 창조'를 위한 '무'가 생성"되게 하시는 하나님의 "자기부정" 또는 "자기제한"이다.[22] 몰트만에 따르면, 밖을 향한 창조 이전에 있는 하나님의 자기비움을 통해 비로소 창조세계를 위한 공간인 무(無)가 마련된다. 그리고 이러한 무로부터의 창조를 몰트만은 하나님의 자유로운 행위라고 표현하고, 하나님의 자유는 "모든 것이 가능한 전능

---

20) 위르겐 몰트만, 『삼위일체와 하나님의 나라』, 김균진 옮김(서울: 대한기독교출판사, 1982), 136.

21) 위르겐 몰트만, 『창조 안에 계신 하느님』, 김균진 옮김(서울: 한국신학연구소, 1987), 112.

22) 앞의 책, 113.

이 아니라 사랑"이라고 못 박는다. 따라서 창조는 하나님의 전능한 행위가 아니라 "사랑으로부터의 창조"다.[23]

맥그리거(Geddes MacGregor)도 십자가를 "창조 자체의 핵심"으로 보면서,[24] "하나님의 권능을 모든 것을 할 수 있거나 모든 것을 통제할 수 있는 능력, 즉 무한한 힘"으로 보지 않는다.[25] 그에 따르면 완전하고 독립적인 하나님은 자신을 확장하거나 무언가를 추구할 이유가 없다. 오히려 하나님은 창조와 더불어 자신의 능력을 포기하는 "자기비허적 존재"다.[26] 이를 통해 맥그리거는 하나님은 피조물을 자신의 힘으로 통제하지 않으며, 오히려 "그들에게 아무런 제약을 가하지 않"고 "그들이 하는 대로 놔둔다"고 말한다.[27]

과학자 겸 신학자인 폴킹혼(J. Polkinghorne)도 창조주 하나님은 자유로운 피조물의 창조를 위해 자기 자신을 제한하신다고 주장하며, 특히 이러한 신적 케노시스의 사건이 신정론의 질문과 관련해서 제공하는 의미가 자못 크다고 본다. 그는 하나님의 자기제한은 곧 피조물을 향한 사랑의 선물로서 이를 통해 피조물은 "방임에 가까울 정도의 자유"를 얻었다고 보며, 악의 발생을 피조물의

---

23) 앞의 책, 100.
24) 제디스 맥그리거, 『사랑의 신학』, 김화영 옮김(2011), 8.
25) 앞의 책, 34.
26) 앞의 책, 139.
27) 앞의 책, 163.

자유에서 찾는 자유-과정 변신론을 제안한다.[28]

　　창조신학적 접근에서는 통속적인 의미의 전능 대신에 하나님의 힘의 포기와 자기제한이 강조된다. 이때 역설적으로 전능을 포기하고 사랑을 택한 하나님이야말로 참으로 전능하다는 역설이 가능하다. 전능을 포기한 사랑의 하나님은 피조물을 통제하지 않고 그들에게 자유를 부여한다. 여기서 하나님의 사랑이 하나님의 힘이라고 하지만, 그렇다면 이런 사랑의 힘은 세상의 일에 근심하면서도 실제로는 아무런 간섭도 개입도 못하는 전적인 무기력과 무엇이 다른가? 과연 창조와 더불어 힘을 포기하신 하나님은 세상에 대해 아무런 힘도 행사하지 않으시는가?[29]

• *기독론적 접근*　루터에 따르면 "하나님은 오직 고난과 십자가에서만 발견될 수 있다."[30] 루터의 이러한 생각은 고린도전서 1장에 나

---

28) 존 폴킹혼, 『과학시대의 신론』, 이정배 옮김(서울: 동명사, 1998), 14-16. 인용은 14. 창조와 신적 케노시스에 관해서는 J. Polkinghorne, *Faith, Science & Understanding*(New Haven and London: Yale University Press, 2000), 111-112을 참조바람.

29) 예컨대 한스 요나스가 구상한 신화에 따르면, 신은 세상의 창조 이후에 세상에 대해 전적으로 무능하다. 왜냐하면 그래야만 피조세계가 자유롭게 생명을 잉태하며 진화해나갈 수 있기 때문이다. Hans Jonas, "Der Gottesbegriff nach Auschwitz. Eine jüdische Stimme," 190-208.

30) Martin Luther, *WA* I, 362. Walther von Loewenich, *Luthers Theologia Crucis*, (Bielefeld: Luther-Verlag, 6. Aufl., 1982), 21에서 재인용.

타난 바울의 십자가 신학을 이어받은 것이다.[31] 루터의 십자가 신학에 따르면, 하나님은 더 이상 사변적으로 생각되어 추론될 존재가 아니라 구체적으로 예수 그리스도의 십자가와 연관해서 사유되어야 한다. 오늘날 기독론적 초점에서 하나님 사유를 새롭게 시작한 신학자로는 본회퍼를 언급할 수 있다. 그는 루터의 십자가 신학을 수용하면서 하나님 사유의 급진적인 방향전환을 요구하며, 이에 따라 기존의 전능 개념을 극단적으로 부정한다.

> 하나님은 자신을 세상에서 십자가로 추방하지. 하나님은 세상에서 무력하고 약하며, 오직 그렇기 때문에 그는 우리와 함께 계시고 우리를 돕는다네. 그리스도가 그의 전능하심이 아니라 그의 약함, 그의 수난으로 도우신다는 것은 마태복음 8:17에 분명하게 나타나 있네.…성서는 인간에게 하나님의 무력함과 수난을 지시하고 있지. 오직 고난당하는 하나님만이 도울 수 있지.[32]

본회퍼에게 무력(無力)한 하나님은 기독교적 하나님의 특징이다. 그에게 기독교의 하나님은 전능에 대한 인간적 욕구에 상응하는 존재가 아니라, 오히려 고난당하는 자와 함께 철저히 무력하게

---

31) 앞의 책, 23.
32) 디트리히 본회퍼, 『저항과 복종 옥중서간』, 손규태, 정지련 옮김(서울: 대한기독교서회, 2010), 681.

그날, 하나님은 어디 계셨는가

고난당함으로써 역설적으로 인간을 돕는 존재다.[33]

본회퍼는 예수 그리스도 안에서 자신을 계시하신 하나님에 집중하면서, 하나님이 우리에게 전능자가 아니라 무력(無力)하고 고난당하는 분으로 계시된다는 사실을 그려준다. 본회퍼는 기독론적으로 하나님을 사유함으로써 성서의 하나님은 통속적인 의미의 전능을 소유한 존재가 아니라는 사실을 분명히 한다.[34] 하지만 본회퍼의 전능하지 않은 하나님, 세상에서 무력한 하나님은 도대체 어떻게 고난당하는 자를 도울 수 있을까? 또한 도울 수 있다고 하더라도 어떻게 구원할 수 있을까?

앞서 창조신학을 통해 하나님의 자기제한을 말했던 몰트만도 다시 기독론에 초점을 맞춰 하나님의 케노시스를 역설한다. 그는 빌립보서 2:5 이하의 그리스도의 케노시스를 양성론이 아니라 삼위일체론의 틀에서 해석할 것을 요구하면서 "케노시스적 자기 희생은 하나님의 삼위일체적 본질"이라고 말하며,[35] 참된 의미의 하나님의 전능을 "전능의 자기제한", 곧 "자기비하의 신적 행위" 속

---

33) 본회퍼는 또한 그의 시 〈그리스도인들과 이방인들〉을 통해 하나님은 "고난 가운데" 계시며 "가난하고, 천대받고, 집도 먹을 것도 없는" "수난 가운데 있는" 존재임을 부각한다. 앞의 책, 656.

34) 하나님은 "연장된 세계의 일부"도 아니며, 전능에 대한 "일반적 신앙"에 상응하는 존재도 아니다. 앞의 책, 710, 또한 729. "모든 것을 해야 하고 할 수 있다고 생각하는 신은 예수 그리스도의 하나님과는 무관하지."

35) 위르겐 몰트만, 『과학과 지혜』, 김균진 옮김(서울: 대한기독교서회, 2003), 94.

에서 찾아야 한다고 보았다.[36]

　이처럼 하나님의 전능에 대한 현대신학의 변용은 성육신과 십자가 사건에 초점을 맞춰 그리스도의 약함 안에서 하나님의 약함을 말한다. 기독론적 접근은 창조신학에서 이해된 하나님의 자기제한이 성육신과 십자가에서 완성되었음을 보여준다.[37]

전능의 고전적 의미에 대한 재고

앞서 보았듯이 현대신학은 통속적인 전능의 개념을 창조신학적·기독론적 관점에서 비판하면서 하나님의 힘에 대한 재정립을 시도하고 있다. 이로써 하나님의 전능 대신에 하나님의 약하심이 오히려 전면에 등장한다. 이와 관련해서 다음과 같은 질문이 대두된다. 하나님의 자기제한과 무력함은 기독교 신학이 하나님의 힘에 대해 사유하고 발언해야 할 핵심이라고 하더라도, 실제로는 너무 적게 말한 것은 아닐까? 과연 기독교 신앙의 하나님은 자기를 비우고 제한하는, 그래서 전적으로 무력한 존재로만 이해되어야 할 것인가? "모든 것을 다 할 수 있다"는 통속적인 전능의 의미로부터 하나님의 힘에 대한 본래적 의미를 구출하려다가 오히려 전통적으로 기독교 신학에 함축되어 있던 신학적 전능의 개념까지 잃

---

36) 앞의 책, 103.

37) 이에 대한 명시적인 표명은 위르겐 몰트만, 『삼위일체와 하나님의 나라』, 147에 나타난다. "하나님의 자기 비하는 아들 예수의 수난과 죽음에서 완성된다."

어버린 것은 아닐까? 또한 성서가 증언하는 하나님의 힘(약하심)에 대해 지나치게 한쪽 측면만 강조한 것은 아닐까? 이러한 전능 개념의 문제점들을 염두에 두면서 기독교 신학의 고전적인 전능 개념과 성서해석에 기초한 하나님의 힘을 파악하여, 과연 오늘날 기독교 신학에서 하나님의 전능이 어떻게 이해될 수 있는지를 생각하고자 한다.

통속적으로 전능이란 "무엇이든 다 할 수 있다" 또는 "못하는 것이 전혀 없다"는 의미로 사용된다. 신이 전능하다는 것은 신은 무엇이든지 자기가 원하는 것을 다 할 수 있다는 뜻으로 이해된다. 하지만 막상 신이 정말 모든 것을 다 할 수 있는가를 묻는다면, 신이 할 수 없는 일에 대해 말할 수밖에 없다. 예컨대 1) 신은 거짓말을 하거나 잠을 자거나 질병에 걸릴 수 있는가? 신은 죽을 수 있는가? 2) 또한 신은 네모난 삼각형을 만들 수 있는가? 아니면 신은 자신이 들 수 없는 무거운 돌을 만들 수 있는가?

전자의 경우에는 신의 힘과 본성 사이의 관계가 문제가 된다. 후자의 경우에는 신의 힘과 논리적 사태의 관계가 문제가 된다. 이와 관련해서 기독교 신학은 전통적으로 신의 절대적 능력(*potentia Dei absoluta*)과 현실적 능력(*potentia Dei ordinata s. actualis*)을 구분했다. 전자는 신이 자신의 영광을 위해 모든 것을 할 수 있음을 의미하며, 후자는 신이 영원부터 행하기로 결의한 것을 의지적으로 실행하는 것을 의미한다. 이런 구분에 따라서 개신교 정통주의

(Protestant Orthodox)는 다음과 같이 주장한다. 신은 자신의 절대적 권리에 따라 피조세계에 전능을 행사할 수 있지만, 자신의 본성에 부합하는 의지를 실행하신다. 즉 신이 모든 것을 다 할 수 있다고 하더라도 도덕적으로나 영적으로 자신의 본성에 부합하는 것과 현실적으로 가능한 것만을 행하며, 그 외의 것을 행하지 않는 것은 무능력이 아니라 오히려 그의 능력에 속한다.[38]

이와 같이 신적 능력을 논리적인 것과 본성에 상응하는 것으로 제한하는 것은 아우구스티누스(Aurelius Augustinus, 354-430)와 토마스 아퀴나스(Thomas Aquinas, 1225-1274)의 전능에 대한 논의에서 찾아볼 수 있다. 아우구스티누스는 『신앙강요』(Enchiridion)에서 자신의 의지에 따라 모든 인간을 구원하기도 하고 심판하기도 하는 하나님의 자유에 대해 언급한다. 여기서 그는 하나님의 의지는 인간의 의지에 의해 방해받지 않으며 전적으로 자유롭다는 사실을 역설한다. 나아가 하나님이 전능자이신 것은 그분이 자신이 원하는 모든 것을 할 수 있으며, 전능자의 의지의 실행은 피조물의 어떤 의지에도 방해받지 않기 때문이다.[39] 아우구스티누스에게

---

38) Heinrich Schmid, *Die Dogmatik der evangelisch-lutherischen Kirche*, 80; Heinrich Heppe, *Die Dogmatik der evangelische, reformierten Kirche*, neu durchgesehen und herausgegeben von Ernst Bizer(Neukirchen: Neukirchener Verlag, 1958), 53.

39) Augustinus, *Enchiridion*, Kap. 24, 95-96: http://www.unifr.ch/bkv/kapitel 2258-23. htm.

그날, 하나님은 어디 계셨는가

하나님의 전능은 하나님의 자유와 연관될 뿐 아니라 하나님의 의지와도 결합되어 있다. 하나님의 전능한 힘의 실행이 그분의 의지와 결합되어 있다는 것은, 전능한 힘의 실행이 아무런 목적이나 의도 없이 이루어지는 것은 아니라는 사실을 암시한다. 하나님은 자신이 원하시는 것을 하신다. 그렇다면 전능의 실행은 하나님이 원하는 본성에 제약된다고 해석될 수 있다.

하지만 아우구스티누스에게서는 하나님이 무엇을 원하고 행할 수 있는지가 명백하게 드러나지 않았다. 따라서 토마스 아퀴나스는 아우구스티누스가 정의한 전능 개념을 보다 상세하게 논증한다. 일단 그는 모든 사람이 신은 전능하다고 고백함을 전제한다. 그리고 전능이 통속적으로 모든 것을 할 수 있다는 의미로 이해되고 있음을 지적하면서, '모든 것'이 무엇을 의미하는지를 정확하게 규정하는 것이 쉽지 않다고 말한다. 그런데 힘이란 가능한 일과 연관되어서만 의미 있게 말해질 수 있기 때문에, 신이 전능하다는 것은 모든 '가능한' 일을 신이 할 수 있음을 의미한다. 하지만 여기서 가능한 일이 무엇인지를 정확하게 규정하지 못하면 이러한 명제는 악순환에 빠진다는 사실을 그는 알고 있다. 즉 인간에게 가능한 모든 일을 인간이 할 수 있다는 의미처럼, 신의 전능을 신이 자신에게 가능한 모든 일을 할 수 있다는 의미로 이해한다면 이것은 신의 전능과 인간의 힘의 차이를 드러내지 못할 뿐 아니라 일종의 순환논리에 빠지게 된다. 이처럼 가능한 일을 힘의 행사자와 그 대상의 관계에서 파악해서는 신의 전능을 이해할 수 없다.

따라서 토마스는 모든 가능한 일을 이해하는 두 번째 방식으로, 이것을 논리적으로나 현실적으로 모순이 없는 사태를 의미한다고 지적한다. 즉 첫 번째 방식처럼 힘을 행사하는 당사자와 대상의 관계가 아니라, 힘의 대상이 되는 사태 자체가 모순적이지 않은 경우에 한하여 신의 전능을 말하고자 한다.[40] 따라서 절대적으로 불가능한 것, 곧 존재의 본성에 부합하지 않는 것은 신적 힘의 결합 때문이 아니라, 그것 자체가 절대적으로 불가능하며 가능성의 양상을 절대로 지닐 수 없는 것이기에 신적 전능 아래 놓이지 않는다. 네모난 삼각형과 같은 논리적으로 불가능한 일은 하나님의 힘이 부족하기 때문이 아니라 그런 일이 현실적으로 가능하지 않기 때문에 일어날 수 없다.[41]

이러한 관점에서 토마스는 하나님의 전능은 이미 일어난 과거를 일어나지 않은 것으로 되돌릴 수는 없다고 말한다. 왜냐하면 하나님의 전능은 어떤 모순을 담고 있는 사태에는 해당되지 않기 때문이다. 이미 일어난 일이 일어나지 않게끔 되는 것은 모순이

---

40) 로널드 내쉬는 앞서 설명한 아퀴나스의 힘에 대한 논증을 "물리적 가능성"과 "논리적 가능성"으로 이름 붙여 설명하고 있다. Ronald H. Nash, *The Concept of God* (Grand Rapids: Zondervan Publishing House, 1983), 38.

41) 토마스 아퀴나스, 『신학대전』(*Summa Theologiae*) 제1부 제25문항 제3항. 우리말 번역으로는 정의채 신부를 비롯한 여러 역자들이 수고한 바로오딸 출판사의 『신학대전』을 참조바람.

　　　　　　그날, 하나님은 어디 계셨는가

다.[42] 토마스에 따르면, 신의 전능은 사물의 본성에 반하여 작용하기보다는 불완전한 것을 완전하게 한다. 또한 특수한 질서는 보편적 본성의 질서에 근거한다. 따라서 비록 신의 힘에 의해 일어나는 어떤 기적적인 일이 우리 눈에는 사물의 본성을 거스르고 일어나는 것처럼 보일지라도, 이처럼 개별 사물들이 특수한 질서에 거스르는 것처럼 보이는 것도 "보편적 본성의 질서에 따르는 것"으로 이해되어야 한다.[43] 토마스에게 신은 논리적으로 모순되지 않는 모든 사태를 일으킬 수 있다는 점에서 전능하다.[44]

이처럼 기독교 신학에서 규정된 고전적 전능의 개념은 통속적인 전능의 개념과는 달리, 신이 마음대로 무엇이든지 할 수 있다는 식의 의미가 아니다. 통속적인 전능의 의미와 기독교 신학의 고전적 전능의 의미는 구분되어야 한다. 물론 기독교 신학의 고전적 전능의 의미 역시 오늘날 성서해석학적·기독론적·창조신학적 관점에서 재해석되고 새롭게 구성되어야 할 필요가 있다.

---

42) 앞의 책, 제1부 제25문항 제4항.

43) 토마스 아퀴나스, 『신학요강』, 백승찬 옮김(파주: 나남, 2008), 241.

44) 근대철학의 아버지라 불리는 데카르트의 경우 하나님의 힘에 대한 토마스의 규정을 따르지 않는다. 오히려 데카르트는 토마스가 하나님의 힘을 제한함으로써 하나님을 불명예스럽게 했다고 본다. 데카르트에게 하나님은 논리적으로 불가능한 것도 행하신다. 하나님은 "2+2=4"와 같은 수학적 명제도 거짓으로 만들 수 있을 정도로 일체의 모든 일을 행할 수 있다. 하지만 내쉬의 지적처럼, 데카르트의 주장은 타당성을 얻을 수 없다. 왜냐하면 그의 주장대로라면 논증할 수 있는 가장 기본적인 논의의 토대조차 부정되기 때문이다. 이에 대해서는 Ronald Nash, *The Concept of God*, 39.

기독교 신학에서 말하는 고전적 의미에서의 신의 전능은 만능(萬能)이 아니다. 신은 마구잡이로 모든 것을 다 할 수 있는 그런 힘의 소유자가 아닐 뿐더러 그런 식으로 힘을 실행하지도 않는다. 신은 자신이 원하는 바를 행하기 때문이다. 모든 질서의 근원이신 하나님의 전능은 사물의 본성과 질서를 파괴하는 힘이 아니라 오히려 이를 구축하고 완성하는 힘이다. 따라서 신의 전능은 전제군주의 자의적인 폭력으로 이해되어서도 안 된다. 신의 전능은 그의 의지의 발현이며, 신적 의지가 신적 지성과 모순 대립하지 않는다면 전능한 신의 행위는 무차별적인 자의(恣意)로 이해되어서는 안 되고, 신적 본성에 부합하는 힘으로 이해되어야 할 것이다.

성서에 나타난 하나님의 힘

그렇다면 성서가 증언하는 하나님의 힘을 어떻게 이해하고 해석해야 할 것인가? 분명한 것은 성서는 하나님의 약함(고후 12:9; 고전 1:25)에 대해 말할 뿐 아니라, 하나님의 전능에 대해서도 적극적으로 말하고 있다는 사실이다.[45] 만약 하나님에 대한 신앙이 하나님의 전능한 힘에 대한 신앙과 분리된다면 그 신앙은 공허하고 관념적일 뿐이다. 그러한 신에게 우리는 기도할 수도 없고 찬양할 수도 없을 것이다. 하나님에 대한 신앙은 그의 힘에 대한 신앙과 불

---

45) 하나님의 힘(전능)에 대한 성서의 언급을 상세하게 분석한 것으로는, Jan Bauke-Ruegg, *Die Allmacht Gottes*, 313-384를 참조바람.

그날, 하나님은 어디 계셨는가

가분적이며 동근원적이다.

펠트마이어에 따르면 '전능자'를 의미하는 그리스어 *pantokrator* (παντοκρατωρ)는 고대문서에서 1400군데 이상 사용되는데, 그중 유대교와 기독교에 관련된 것이 99%에 해당되고 이와 무관하게 사용된 곳은 1%밖에 되지 않는다. 더욱이 1%에 해당되는 이방문서에서도 이 단어는 정치적이거나 철학적 사변이 아니라 종교적 체험, 신앙적 경험과 관련된 기도문이나 찬양, 종교적 비문(碑文)에 등장한다. 고대의 이방문헌에서도 전능은 사변적이거나 추상적 언어가 아니라 신에 대한 실존적 관계 속에서 사용된 신앙의 언어였다는 사실에 주목해야 한다.[46] 펠트마이어의 분석에 따르면, 구약성서에 나타난 하나님의 힘에 대한 증언도 결코 추상적이거나 사변적인 결과로 제시되기보다는 그 자신의 오롯한 구체적인 역사의 맥락을 지니고 있다.[47]

신약성서에는 전능(*pantokrator*)이라는 용어가 10번밖에 사용되지 않는다. 이 용어는 구약성서를 인용한 구절(고후 6:18)을 제외하고는 모두 요한계시록(1:8; 4:8; 11:17; 15:3; 16:7, 14; 19:6, 15; 21:22)에 등장하며, 공관복음에서는 한 번도 언급되지 않는다. 하지만 "하나님에겐 불가능한 것이 없다"(눅 1:37)거나 "하나님에겐 모든

---

46) Reinhard Feldmeier, "Nicht übermacht noch Impotenz. Zum biblischen Ursprung des Allmachtsbekenntnisses," 18-20.

47) 앞의 논문, 22.

것이 가능하다"(막 10:27; 마 19:26; 눅 18:27), 그리고 예수의 기도에서 "당신에겐 모든 것이 가능하다"(막 14:36; 마 26:39)와 같은 구절은 분명 하나님의 힘과 관련되어 있다. 그리고 이런 구절들이 권고나 기도와 같은 '대화의 맥락' 안에 놓여 있다는 점을 주목할 필요가 있다.[48] 이처럼 전능과 관련된 성서의 구절들은 '기도, 찬양, 비탄, 신뢰의 표현과 약속', 곧 '고백'이라는 구체적인 삶의 자리를 갖고 있다는 사실에 주의를 기울여야 한다.[49]

밀리오리(D. L. Migliore)도 성서에 나타난 하나님의 힘을 해석하면서, 먼저 신과 힘이 삶의 구체적인 현장과 결코 분리될 수 없음을 주목한다. 그는 오랫동안 학문적인 영역에서 신의 존재에 대한 논의가 전개되어왔다면 실제 생활영역에서는 하나님의 힘에 대한 물음이 제기되어왔음을 상기시킨다. 그에 따르면 하나님에 대한 실질적인 질문은 하나님의 힘에 대한 질문이지 그 외의 다른 것이 아니다. 인간의 삶의 영역에 아무런 힘을 행사하지 못하는 신적 존재에 대한 질문은 공허할 뿐이다. 루돌프 오트가 종교적 체험 속에 나타난 전적 신비로서 누미노제에 대해 말했던 것처럼, 밀리오리는 다음과 같이 말한다. "모든 종교에서 신은 놀라움과 두려움을 동시에 일으키는 엄청난 힘으로 경험되었다. 신은 우리를 매혹시

---

48) 앞의 논문, 32.
49) 앞의 논문, 36.

그날, 하나님은 어디 계셨는가

키며 두렵게 하는 신비로운 힘이다."[50] 따라서 통속적인 전능의 개념을 비판하기 위해 하나님의 힘을 부정하거나 포기하는 방식을 택하기보다는 오히려 성서에 나타난 하나님의 힘에 대한 묘사를 주목하고 이를 재해석하는 것이 올바른 방향일 것이다.

그렇다면 하나님의 힘에 대한 다의적인 성서의 표현들을 어떻게 해석해야 할까?[51] 밀리오리에 따르면 성서를 곡해하는 몇 가지 해석방식은 피해야 한다. 첫째, 성서를 과학교과서로 읽어서는 안 되며 둘째, 미래에 대한 예언서로 읽어서도 안 된다. 셋째, 소설 『다빈치코드』의 관심사처럼 예수의 삶에 관한 비밀교서로 읽어서도 안 된다. 오히려 성서는 세상을 향한 하나님의 놀라운 사랑을 증언하는 '대서사극'(epic drama)으로 읽어야 한다.[52] 즉 성서는 객관적인 보도나 허무맹랑한 삼류소설 혹은 추리소설이 아니다. 오히려 성서는 근본적으로 하나님과 세계 사이에 일어난 사건을 극적으로 이야기하는 신학적 드라마로 읽어야 한다. 이런 해석학적 전제에서 볼 때 성서는 예수 그리스도의 삶과 죽음과 부활의 이야기를 통해 전혀 새로운 세계를 증언하며, 전능에 대한 통속적인

---

50) Daniel L. Migliore, *The Power of God and the gods of Power*, 9.
51) 성서가 증언하는 상반되는 하나님 상(像)에 주목하며, 하나님의 전능과 무능, 그분의 심판을 서술한 다음의 책도 참조바람. Walter Dietrich, Christian Link, *Die Dunklen Seiten Gottes*. Bd. 2: Allmacht und Ohnmacht(Neukirchen-Vluyn: Neukirchener, 2. Aufl., 2004).
52) Daniel L. Migliore, *The Power of God and the gods of Power*, 40.

견해와는 전혀 다른 차원을 함축하고 있는 하나님의 힘에 대해 소개한다.

물론 성서 속에 하나님의 힘에 대한 묘사가 일의적이지 않고 다양하다는 점을 간과해서는 안 된다. 하지만 밀리오리에 따르면 다양한 힘에 관한 묘사 전체를 관통하는 요지는 다음과 같다. 하나님은 자신의 힘을 통해 "가난한 자와 억압당한 백성을 해방"시키며, "정의와 창조질서"를 요구한다.[53] 특히 구약성서에서 해방하며 정의를 실현시키는 하나님의 힘은 구체적인 역사와 함께 강렬하게 묘사되고 있다. 이러한 하나님의 힘은 곧 "자비로운 힘"으로 집약되며, "단순히 전능함이 아니라 자비와 변함없는 사랑(besed)"으로 해석될 수 있다.[54] 또한 신약성서의 증언과 연관해서 볼 때, 이러한 하나님은 예수의 삶과 가르침 안에서 한없는 사랑과 용서를 통해 피조물을 새롭게 변화시키는 힘을 보이신다. 특히 바울은 "예수의 고난과 죽음과 부활"에서 "하나님의 힘을 재정의"하며, "하나님의 약하심"으로 기술된 "그리스도의 십자가에서 계시된 하나님의 힘이 모든 인간의 힘보다 더 강하다"고 증언한다.[55]

밀리오리에 따르면 성서가 증언하는 하나님의 힘은 통속적인 전능의 개념을 비판할 뿐 아니라, 전능 개념을 수량적으로 최대치

---

53) 앞의 책, 43.
54) 앞의 책, 44.
55) 앞의 책, 53.

로 생각한 스콜라신학의 전능에 대한 이론과도 다르다. "신약성서에서 하나님의 힘에 대한 결정적인 기술은 그리스도의 수난과 부활의 이야기"이며, "십자가에 못 박힌 예수 그리스도, 우리와 함께 하시는 하나님은 어떤 사변적 틀 속에 짜 맞춰지지 않는다."[56] 따라서 추상적인 사변의 틀 속에서 하나님과 그의 힘을 말하기보다는 오히려 "십자가에 못 박히고 부활한 예수 그리스도의 빛에서 우리의 모든 하나님 상을 근본적으로 개정해야만 한다."[57]

기독교적 관점에서 볼 때, 성서 속에서 다양하게 표현되는 하나님의 힘은 예수 그리스도의 삶과 십자가와 부활에서 가장 결정적으로 계시된다. 이때 하나님의 힘은 통속적인 전능 개념과 다르며, 스콜라적인 추상적 이론과도 다르다. 그렇다고 아무런 영향력도 행사하지 않는 무기력과 무능을 의미하지도 않는다.

나는 전능하신 하나님을 믿습니다

기독교 신앙은 오래전부터 다음과 같이 고백했다. "나는 전능하신 하나님을 믿습니다." 앞서 살펴본 전능에 대한 내적·외적 비판과 수정 요구를 염두에 두면서 하나님의 전능을 보다 적극적으로 규정한다면, 이 신앙고백은 어떻게 이해할 수 있는가? 전능하신 하나님을 믿는다는 것은 무엇을 의미하는가?

---

56) 앞의 책, 64.
57) 앞의 책, 72.

아퀴나스에게서 살펴본 전능에 대한 기독교 신학의 고전적 견해가 비록 본회퍼, 몰트만, 맥그리거와 같은 현대신학자들의 견해와 내용적으로 일치하지 않는다 하더라도, 통속적인 의미의 전능 개념을 수정한다는 점에서 이들과 우회적으로 만날 수 있지 않을까? 고전적 견해이든 현대신학의 견해이든 하나님의 힘은 그분의 본성과 분리된 채 이해되어서는 안 된다. 즉 하나님의 힘은 이제 사랑이신 하나님 자신의 힘으로 이해되어야 한다. 또한 고전적 전능의 개념은 하나님의 힘을 적극적으로 변호함으로써 현대신학의 전능에 대한 논의가 전능에 대한 포기로 극단화될 위험을 차단하는 신학적 근거를 제공해주며, 역으로 현대신학의 전능에 대한 재해석은 하나님 사유와 관련하여 기독교 신학의 고유한 관점을 제시함으로써 사변적이었던 고전적 전능을 재규정할 수 있는 해석학적 틀을 마련해주고 있다.

기독교 신학은 단순히 전능의 의미를 말하는 것이 아니라 이스라엘의 역사 속에 활동하신 하나님의 전능에 대해 말해야 하며, 예수 그리스도의 하나님의 힘에 대해 말해야 한다. 예수 그리스도의 하나님에 대한 성서의 진술은 분명하다. 그것은 바로 "하나님은 사랑이시다"(요일 4:8)라는 것이다. 따라서 기독교적 의미에서 하나님의 전능은 그분의 본성인 사랑에 위배되는 파괴적이고 폭력적인 힘의 실행으로 이해해서는 안 된다. 하나님의 전능은 자기 모순적이거나 자기 파괴적인 힘이 아니다. 전능을 사랑이신 하나님의 힘으로 생각할 때, 기독교 신학에서 말하는 하나님의 전능은 곧 사랑의 힘일 수밖에 없다. 하나님은 사랑의 힘으로 우주만물을 창조하셨고 돌보시며, 예수 그리스도 안에서 피조세계에 대한 자신의 사랑을 극명하게 드러내실 뿐 아니라 그들의 고통에 함께 동참하신다. 하나님의 힘은 약한 데서 완성된다(고후 12:9).

하나님의 전능을 하나님의 사랑의 힘이라고 한다면, 하나님의 힘은 이제 더 이상 만능(萬能)을 의미하지 않는다. 통속적인 의미의 전능은 곧 만능을 의미한다. 하지만 성서가 증언하는 하나님의 힘으로서의 전능은 만능이 아니다. 오히려 자신의 본성인 사랑 때문에 자신을 스스로 제한하시며 피조세계에 자유를 부여하는 힘이다. 창조주와 피조물 사이에 결코 간과할 수 없는 존재론적 차이와 간격이 있음에도 불구하고 사랑이신 하나님이 그리스도 안에서 "자기를 비워 종의 형체를 가져 사람들과 같이 되었다"(빌 2:5)는 사실이야말로 기독교적 의미에서 하나님의 전능의 실행이라 할 수 있다. 따라서 하나님의 전능은 다른 힘들과 경쟁하여 이를 제압하고 그 관계를 파괴해버리는 무지막지(無知莫知)한 힘이나 무력(武力)으로 이해되지 않는다. 사랑 안에서 인간이 되신 하나님의 힘은 상대의 인격을 훼손하고 파괴하는 힘이 아니며, 다른 힘들 위에 군림하여 제압하는 수퍼파워(super-power)도 아니다. 오히려 하나님의 전능은 피조세계와의 사랑의 사귐 안에 들어오셔서 자신이 곧 사랑이심을 드러낸다. 창조에서도 구원에서도 종말론적 완성에서도 하나님은 항상 사랑으로 머물며, 전능은 하나님의 사랑을 시작하고 구현하고 완성하는 하나님의 힘을 의미한다. 이처럼 우주만물을 창조하시고 양육하시며 끝까지 책임지시는 하나님의 힘을 전능이라 하지 않고 무엇이라 표현할 수 있겠는가? 전능은 모든 피조물을 돌보시며 그들의 고통에 동참하시는 하나님의 사랑의 깊이와 너비를 담아내는 표현이며, 따라서 기독교 신학은 피조세계의 운명에 끝까지 동참하시는 하나님의 사랑을 하나님의 전능이라 말할 수 있다.

이와는 달리 하나님의 사랑의 힘을 전적인 무능이나 약함으로만 이해한다는 것은 또 다른 오해를 낳을 수 있다. 사랑이신 하나님의 힘이 만능이나 무력이 아니듯이, 그것이 무기력과 전적인 약함으로 이해되어서도 안 된다.[58] 성서가 증언하는 하나님의 힘이 만능으로 해석될 수 없듯이, 성서가 증언하는 하나님의 사랑도 단순히 침묵 또는 관망과 방임(放任)으로 해석되어서도 안 된다. 더군다나 성서는 하나님을 아버지로 묘사한다. 아버지로서의 하나님의 사랑은 사랑하는 자와의 관계 속에서 무기력한 물러섬이나 관망과 방임으로 해석될 수 없을 것이다. 성서가 하나님에 대해

---

58) 앞에서 언급한 본회퍼, 몰트만, 맥그리거와 같은 신학자들이 통속적인 전능 개념을 비판함으로써 결과적으로 하나님의 힘을 전적으로 포기했느냐에 대해서는 보다 상세한 논의가 필요하겠지만, 나는 이들이 하나님의 힘을 하나님의 무능 또는 약함의 관점에서 공감하고 연대하는 수동적인 힘으로 이해하고 있을 뿐 적극적인 의미에서 활동하는 힘으로 말하지 못했다고 본다.

그날, 하나님은 어디 계셨는가

아버지라는 이미지를 사용하는 것은 하나님 표상이 보다 적극적인 힘과 분리될 수 없다는 것을 보여준다. 하나님의 힘은 자녀를 자신의 목숨처럼 아끼는 아버지로서의 힘이며, 피조세계를 자신의 아들과 딸로서 끝까지 돌보시는 책임적인 힘이다.[59] 따라서 하나님은 창조 이후 자신이 창조한 피조세계에 대해 더 이상 아무런 힘이나 영향력을 가질 수 없다고 생각하고, 그런 의미에서 하나님의 무능과 약함을 말한다면, 이는 하나님의 사랑에도 위배될 것이다.

"사랑은 죽음처럼 강하다"(아 8:6). 아니, 사랑은 죽음의 힘보다 더 강하며, 궁극적으로는 죽음조차 넘어선다. 피조세계에 자유를 부여하며 그 자유를 위해 피조물을 내버려두는 것은 사랑의 한쪽 측면일 수밖에 없다. 물론 사랑은 오래 참는다. 사랑이신 하나님의 전능은 피조물의 반역과 불순종을 오래 참고 견디신다. 그러나 사랑은 또한 자신의 일에 대해 책임을 진다. 여기서 사랑이신 하나님의 전능은 실질적인 창조와 구원의 힘과 연결된다. 하나님은 사랑 안에서 무능하지 않으시며 오히려 피조세계에 대한 무한한 사랑의 책임 속에서 전능하시다. 하나님은 사랑 안에서 자신과 세계의 운명을 동일시하신다. 따라서 기독교 신학이 말하는 하나님의 전능은 무한한 사랑의 책임을 통해 일하시는 하나님의 창조와

---

59) Karl Barth, *Kirchliche Dogmatik II/1*(Zürich: Theologischer Verlag, 7. Aufl., 1987), 31, 590.

구원의 힘으로 경험된다. 우리가 사랑의 깊고 넓은 무한한 책임성 안에서 창조와 구원의 힘으로 활동하시는 하나님을 경험할 때, 하나님의 적극적인 힘은 구체화된다.

특히 피조물의 고난과 관련하여 하나님의 사랑은 그저 관망만 하지 않는다. 고난 속에 그냥 내버려두는 것은 결코 사랑이 아니다. 또한 고난 속에서 함께 아파하고 슬퍼하는 연민은 피해자에게 분명 위안이 된다. 하지만 그것만으로는 사랑이신 하나님의 전능을 다 표현한 것이 아니다. 그렇다고 해서 하나님의 힘을 강압적인 간섭으로 이해한다면, 이는 사랑에 모순될 것이다. 사랑이신 하나님의 힘은 물리적인 개입을 통해 다른 것들을 무력화(無力化)시키지 않으며, 동시에 무기력(無氣力)하게 내버려두지도 않는다. 오히려 사랑이신 하나님의 힘은 고난당하는 자에게 고난을 극복할 수 있는 삶의 힘을 주신다.[60]

그렇다면 이것이 어떻게 가능한가? 사랑이신 하나님의 전능은 피조세계를 위에서 덮어씌우거나 내리누르는 비매개적인 초자연적(super-natural) 힘이 아니라, 피조세계 안에서 피조세계를 통하여 역사하는 매개적이고 내재적이며[61] 작금의 현실을 넘어서게 하

---

60) 나는 틸리히의 "존재의 용기"를 "삶의 용기"로 전환해서 이해한다. 박영식, 『고난과 하나님의 전능』, 353 이하 참조바람.

61) 이와 관련하여 토마스 아퀴나스의 제1원인과 제2원인 사이의 구분을 다시금 사유할 필요가 있다. 하나님은 제1원인이시지만, 모든 창조된 원인으로서의 제2원인과 동일한 의미에서 '원인'은 아니다. 즉 하나님은 세계 안에 있는 여러 원인 중 하나의 원인

그날, 하나님은 어디 계셨는가

는 초월적(transcendent) 힘으로 실행된다.[62] 이런 점에서 하나님의 전능은 모든 살아 있는 피조물들이 기대고 근거해 있는 근원이며, 피조물을 생동하게 하며, 자기초월적으로 살아가게 하는 원천이다. 따라서 하나님의 힘은 모든 창조적이며 구원적인 힘의 바탕이다. 이와 관련하여 전능하신 하나님에 대한 신앙은 고난의 상황을 딛고 일어설 삶의 용기로 구현된다. 즉 고통당하는 자에게 무기력과 무의미로 닫혀버린 현실을 초월하여 아직 존재하지 않는 현실을 향해 한 발 내딛게 하는 용기의 힘으로 구현되는 것이다. 이러한 하나님의 존재론적 힘은 죽음을 딛고 일어서는 삶의 용기로 구체화된다.[63]

하나님의 전능이 만능이나 무력으로 해석되지 않는다면, 사랑이신 하나님의 전능은 일차적으로 고난이나 고통을 초자연적으로

으로 이해되어서는 안 된다. 이런 관점에서 하나님의 활동을 기술한 작품으로는 데니스 에드워즈, 『신의 활동방식. 신학과 과학』, 오경환 옮김(서울: 위즈앤비즈, 2012), 135 이하 참조바람.

62) 나는 여기서 초자연적 힘과 초월적 힘을 구분한다. 초자연적 힘이란 자연과 초자연의 대립을 전제하며 위에서 아래로 향하는 방향성을 지닌 간섭적 힘을 의미한다. 하지만 초월적 힘이란 '넘어'(trans)와 '가다'(cedo)를 결합시켜 아래에서 위로, 또는 현재에서 미래로 넘어가게끔 하는 존재론적 힘을 의미한다.

63) 이와 관련하여 틸리히의 관점을 수용한다. Paul Tillich, *Systematische Theologie* I, 314. "전능하신 하나님에 대한 부름을 진지하게 취급하는 곳에서는 어디든지 비존재의 위협에 대한 승리가 체험되며 실존에 대해 긍정하게 된다. 물론 유한성과 불안이 사라지지는 않는다. 그러나 이것들은 무한성과 용기 안에 수용되어버린다. 다만 이렇게 전능의 상징을 이해할 수 있다."

제거하는 힘이 아니라 이를 내재적이며 초월적으로 극복하게 하는 힘으로 이해되어야 한다. 모든 힘의 근원이신 하나님에 대한 신앙은 피조세계의 고난을 함께 아파하면서 이를 뚫고 일어서게 하는 부활의 힘에 대한 희망을 담지한다. 무의미한 고통은 사랑이신 하나님의 전능에 대한 신앙 안에서 새로운 의미를 담아내는 미래적 현실을 희망한다. 내재적이면서도 초월적 힘인 하나님의 전능에 대한 신앙과 희망이 없다면, 도대체 어디서 암담한 고난의 현실을 넘어설 미래적 가능성에 대한 창조와 구원의 힘을 얻을 수 있을까?

앞서 살펴보았듯이 성서에서 하나님의 힘에 대한 언급이 추상적인 것이 아니라 구체적인 삶의 자리를 지니고 있었다는 사실을 주목할 때, 전능에 대한 사변적인 개념 규정을 넘어 신앙언어로서의 전능이 지니고 있는 실존적·관계적 차원에 주목해야 한다.[64] 이때 하나님의 전능에 대한 신앙은 이 신앙을 고백하는 자에게 결코 포기할 수 없는 차원을 지니고 있다. 성서에서 전능하신 하나님을 찾거나 고백하는 상황은 자신의 힘으로는 도무지 돌파할 수 없는 무력한 상황을 전제한다. 이처럼 전능에 대한 신앙은 사변적이고 추상적인 사유놀이의 주제가 아니라, 구체적이며 실제적인

---

64) 마르틴 부버의 언어를 빌려 말하면, "하나님의 전능에 대해 '나-그것의 관계'로 말하는 자는 하나님의 전능을 항상 왜곡하며 말하게 된다." Reinhard Feldmeier, "Nicht übermacht noch Impotenz. Zum biblischen Ursprung des Allmachtsbekenntnisses," 37.

신앙현실의 투쟁 속에서 구원의 하나님께 전적으로 의존하는 실존적 고백의 언어로 이해되어야 한다.

이와 관련하여 전능하신 하나님에 대한 신앙고백이 구체적으로 '나'를 주어로 삼고 있다는 사실에도 주목해야 한다. 하나님의 전능은 객관적 관찰의 대상이 아니라, 고백하는 주체의 신앙적 현실과 맞물려 있다. 누구도 대신할 수 없는, 또 누구에게도 양도할 수 없는 고난의 깊은 수렁에서 삶의 출구를 찾을 수 없는 '내'가 하나님의 전능성을 삶의 마지막 보루로 삼고서 고난의 극복을 희망하는 것이다. 그러나 이러한 전능하신 하나님에 대한 신앙 그 자체가 전능한 것은 아니다. 오히려 사랑이신 하나님의 전능에 대한 신앙의 고백은 내 실존의 무력함과 한계를 직시하고 있기 때문이다. 따라서 하나님의 전능에 대한 신앙은 작금의 현실에서 찾을 수 없는 새로운 가능성을 향한 희망과 결부된다. 불가능한 현실을 뛰어넘어 새롭게 펼쳐질 미래의 가능성에 대한 희망의 근거는 바로 하나님의 전능이다. 여기서 전능하신 하나님은 부정적 현실에서 구원하시는 하나님일 뿐 아니라 예기치 못하는 새로운 미래현실을 불러일으키는 분이라는 점에서 창조의 하나님이다. 전능하신 하나님은 이미 발생한 일을 일어나지 않게 하시는 분이 아니라 없는 것을 있게끔 하시는 분이시다(롬 4:17). 그는 꽉 막혀 있는 절망적 현실 사이로 틈을 만들어 존재하지 않던 미래를 열어놓는 분이시다. 이런 전능하신 하나님에 대한 신앙은 창조와 구원의 하나님에 대한 신앙이며, 이때 하나님의 전능은 미래를 개방하는 힘으로 경험된다.

오늘날 하나님의 존재가 더 이상 자명하게 받아들여지지 않는다는 사실은 오히려 자명하다. 하지만 신적 존재에 대한 부정은 언제나 부정하고자 하는 신적 존재에 대한 이해(또는 오해)를 전제하고 있다. 오늘날 부정당하고 있는 신적 존재의 속성에는 통속적인 의미의 전능이 포함된다. 전능자로서의 신은 인격적 자유를 억압하고 무소불위의 권력을 휘두를 수 있는 존재로 생각되곤 한다. 무엇이든지 자기 마음대로 할 수 있는 신의 존재를 부정하면서, 다른 한편으로는 그러한 절대적 권력을 욕망하고 소유하고자 하는 것이 인간의 또 다른 얼굴이다. 교회 내에서도 하나님의 전능을 앞세워 그를 믿는 자는 "모든 것을 다 할 수 있다"는 환상을 제공하는 모습을 보거나, 아니면 그 역으로 무능하신 하나님을 대신하여 그분의 손과 발이 되어야 한다는 신앙적 응변을 종종 듣게 된다. 이런 상황 속에서 하나님의 전능 개념을 포기하고 무능으로 대체해서도 안 되지만, 하나님의 전능을 만능이나 무력으로 이해해서도 안 되며, 인간적 전능의 디딤돌로 삼아서도 안 된다.

다시 말하지만 우리가 믿는 하나님은 예수 그리스도의 아버지로서의 하나님이다. 기독교 신앙의 하나님은 예수 그리스도의 고통 속에서 자신을 계시하신 하나님이시다. 그분은 고통당하는 자의 고통 속에서 함께 고통을 당하신다. 따라서 성서는 "하나님은 사랑이시다"(요일 4:8)라고 말한다. 사랑이신 하나님은 자기를 주장하여 타인을 굴복시키지 않는다. 우리가 하나님의 전능을 말할 때도 그분의 힘을 사랑과 분리시켜 이해해서는 안 된다. 고통당하는 자와 함께 고통당할 수 있는 힘, 그것이 바로 하나님의 전능이다. 세상이 무너져내린 것 같은 절망에 빠져 있는 자에게 하나님은 영원히 함께 머물러 계신 존재, 영원한 터전이 되어주심으로써 다시 딛고 일어설 용기의 원천이 되어주신다(롬 8:31 이하). 하나님의 사랑은 고난을 극복할 힘이 된다. 사랑은 모든 것을 이긴다. 그래서 그분의 사랑은 전능하다.

이때 하나님의 전능은 비논리적이거나 자기모순적인 힘의 실행과는 무관하다. 하나님의 전능은 자신의 사랑의 본성에 부합하는 힘으로, 공간적으로는 모든 우주만물에 미치며 시간적으로는 영원까지 이어지는 힘으로 이해되어야 한다. 현실의 고난과 관련하여 하나님의 힘은 고난을 제거하는 물리적인 초능력이나 초자연적 힘으로 이해될 것이 아니라, 고난의 현실을 넘어 존재하게 하는 초월적이며 존재론적 힘으로 해석되어야 한다. 더 나아가 그것은 고난 때문에 절망하고 닫혀버린 현재를 개방하는 미래의 힘으로, 아직 존재하지 않는 미래를 열어놓은 힘으로 경험된다. 하나님의 전능은 사변적이고 추상적인 개념이 아니라 신앙의 실존과 관계 맺고 있는 살아계신 하나님의 역동성으로 이해되어야 한다.

앞서도 언급한 것처럼 하나님의 전능과 "무엇이든지 다 할 수 있고 다 한다"는 의미의 만능(萬能)을 구분할 필요가 있다. 하나님의 힘은 우리가 원하는 것을 우리가 원하는 방식대로 다 충족시키는 그런 마술적인 힘이 아니다. 그렇다고 해서 인간적 방식으로 이해된 하나님의 만능을 부정하는 것이 성서적 의미에서 하나님의 전능을 부정하는 것은 아니다. 하나님은 자신의 힘을 과시하기 위해 자연질서를 파괴하거나 혼란스럽게 만들지 않는다. 오히려 하나님의 힘은 무질서한 힘에 대항하여 자연질서를 보존하고 지탱한다. 동시에 하나님은 자연질서 안에 갇혀 있는 존재도 아니다. 하나님은 자연질서를 통해, 그리고 이를 넘어 세상이 하나님의 실재에 상응하도록 이끄신다. 비록 이 세상에서 하나님은 여전히 힘없고 약한 듯 보이지만, 신앙은 하나님께서 바로 그러한 사랑의 전능 안에서, 결국 세상을 자신의 존재에 상응하도록 새롭게 창조하실 전능하신 하나님임을 고백한다(계 21:1-5). 전능하신 하나님에 대한 신앙은 결국, 끝내, 마침내 승리하실 하나님의 미래적 현실에 대한 종말론적 신앙과 분리될 수 없다. 오직 신앙의 용기를 가진 자만이, 하나님은 아직 이 땅에서 약하지만 그럼에도 마침내 하나님 나라를 완성하실 것을 희망한다. 따라서 종말론적 희망이 없는 전능하신 하나님에 대한 신앙은 맹목적이며, 현실적인 약함을 숙고하지 않는 전능에 대한 신앙은 공허하다.

10장

고난이 묻고
신앙이 답하다[1]

고난은 항상 질문을 야기한다. 이 글을 마치면서 앞에서 다루었
던 문제들과 관련하여 교회 혹은 신학교에서 자주 제기되는 질문
들을 모아 그에 대해 간략하게 답변들을 정리하고자 한다. 하지만
모든 대답과 마찬가지로 여기서 제시된 간략한 답변들은 그 즉시
새로운 의문에 노출되어 있으며, 시간이 지나면 더 나은 답변들로
대체되어야 될 운명을 안고 있다. 그렇지만 지금 이 시점에서, 나
로서는 이것이 최선의 답변이다.

하나님은 왜 침묵하시는가?

"여호와여 어찌하여 멀리 서시며 어찌하여 환난 때에 숨으시나이
까?"(시편 10:1) "여호와여 어느 때까지니이까, 나를 영원히 잊으시

---

[1] 아래 5개의 질문과 답변은 「한국성결신문」에 2014년 6-8월 사이에 게재되었던 내용
을 약간 수정한 것이다.

나이까, 주의 얼굴을 나에게서 어느 때까지 숨기시겠나이까?"(시편 13:1)

이런 질문은 성서에만 나오는 것이 아니다. 2014년 4월 16일, 온 국민을 절망에 빠뜨렸던 세월호 참사를 목도하면서 우리는 이와 유사한 질문을 던졌다. "도대체 하나님은 무얼 하고 계셨는가?" 선하신 하나님과 그분의 능력을 믿는 그리스도인들은 하나님께 질문할 수밖에 없다. 혹 일반 사람들은 비아냥거리면서 동일한 질문을 던졌을지 모른다. 하지만 우리는 가슴을 치며 이 질문을 던졌다. "하나님, 왜 침묵하고 계십니까? 왜 바라만 보고 계셨습니까?"

고난과 관련해서 신학사에서 전개된 답변들을 몇 가지로 추리자면 이렇다. 첫째, 미학적 신정론이다. 하나님은 세상을 아름답게 만드신다. 그런데 하나님이 만드시는 아름다운 세상에는 어둠이 필요하다. 마치 아름다운 회화에도 어두운 색깔이 사용되듯이, 아름다운 음악에도 불협화음이 사용되듯이, 하나님은 악을 통해서 더 아름다운 세상을 만드신다. 미학적 신정론에 따르면 심지어 지옥조차도 아름답다. 둘째, 교육적 신정론이다. 하나님은 환난을 통해 우리를 더욱 성숙하게 만드신다. 어릴 적 고생은 사서도 한다고 했듯이, 하나님은 불같은 시험을 통해 우리를 정금같이 단련하신다. 여기서 고난은 축복의 통로다. 셋째, 역사-종말론적 신정론이다. 지금 일어나는 악의 문제는 결국 하나님께서 역사의 심판을 통해, 그리고 더 나아가 최후의 심판을 통해 극복하고 제거

그날, 하나님은 어디 계셨는가

하실 것이다. 역사의 한복판을 살아가는 우리에게는 마치 악이 승리하는 것처럼 보이지만 결코 그렇지 않다. 역사는 과거보다는 현재가, 현재보다는 미래가 더욱 아름다우며, 결국 하나님의 최종적인 심판을 통해 억울한 악의 희생자들은 위로를 받고 지복(至福)에 이르게 될 것이다. 여기서는 죽은 자들의 부활이 위로와 희망의 중심축이 될 것이다.

위에서 열거한 신정론들은 낯선 이름들일 수도 있지만 우리는 이미 설교를 통해서 다양한 신정론의 내용을 접해왔다. 신정론의 답변들은 일차적으로 '하나님 변호'를 목적으로 하고 있다. 악의 문제 앞에서 하나님은 인간(고난당하는 자)의 질문 앞에 서게 되고, 그 질문 앞에서 이제 인간(신학자)이 하나님을 변호하는 모양새라고나 할까? 어쨌든 전통적인 신정론의 답변은 고난에는 '나름의 이유'가 있음을 밝히고 있다. 하지만 전통적인 신정론은 하나님 변호에 치우친 나머지 고난의 당사자를 망각하는 경향이 있다. 다시 인용한 시편을 묵상해보자. 시편의 질문은 철저히 고난당하는 자의 절규를 드러내고 있다. 이 절규는 과연 신앙적인 질문일까 의심스러울 정도로 과격하고 적나라하다. 하지만 십자가에서 우리 주님도 이렇게 부르짖지 않았던가? 그리고 십자가상의 예수의 울부짖음은 하나님께서 인간의 고난을 공감하고, 그 고난에 동참한다는 것을 보여주지 않는가?

이처럼 우리는 고난과 악의 문제 앞에서 재빨리 하나님을 변호하고 신앙의 답변을 주려 하지만, 오히려 성서는 인간과 함께 아파하시는 하나님의 모습을 드러내고 있는 것은 아닐까? 나아가 십자가에서 부르짖는 아들 예수의 아픔 안에 함께 아파하시며, 죽어가는 아들 안에서 더 철저히 죽음을 감내하신 아버지 하나님, 그분만이 고통당하는 자를 진정 위로해줄 수 있지 않을까? 하나님은 고난 앞에서 침묵하지 않으신다. 도리어 우리와 함께 아파하고 절규하신다. 이를 통해 하나님은 타인의 고통에 대해 무덤덤한 자들이 지배하는 세상을 심판하시며 고통당하는 자들의 영원한 버팀목이 되어주신다.

악인이 왜 형통하는가?

종종 영화나 드라마를 보면 갖은 수단을 다 동원해 권좌에 올라 무소불위의 권력을 휘두르며 자기 배만 채우는 자가 등장한다. 그는 가난하고 힘없는 백성들의 형편은 안중에 없고 간신배들의 아첨에만 귀를 기울인다. 그리고 온갖 모략으로 정적을 제거하고 한평생 편안한 삶을 살아가다가 말년에 정권이 바뀌고 세상이 뒤집힐 때 옥살이를 하게 된다. 이런 광경을 볼 때마다 우리는 "그래, 착하게 살아야지"라는 도덕적 감정과 "착하게 산다고 누가 밥 먹여 주나. 조금 나쁜 짓을 해서라도 저런 부귀영화를 누려봤으면 좋겠다"라는 현실적 소원이 충돌하는 것을 경험한다. 여기에 이생의 삶이 전부라는 세속주의까지 가세하면, 우리의 생각은 현실론

그날, 하나님은 어디 계셨는가

으로 기울어지기 십상이다. 아니나 다를까, 드라마 속 악인의 입에서도 이런 대사가 튀어나온다. "극락왕생은 무슨? 나는 이 땅에서 이미 극락 중의 극락을 맛보았소!"

이는 비단 드라마나 영화 속 이야기만이 아니라 우리가 살아가는 현실 속에서도 흔한 이야기다. 왜 정직하고 의롭게 사는 사람보다 악한 자들이 더 떵떵거리면서 잘사는지, 도대체 어떻게 사는 것이 옳은지 헷갈릴 때가 많다. 구약성서의 한 지혜자는 이렇게 권면한다. "지나치게 의인이 되지도 말며 지나치게 지혜자도 되지 말라. 어찌하여 스스로 패망하게 하겠느냐. 지나치게 악인이 되지도 말며 지나치게 우매한 자도 되지 말라. 어찌하여 기한 전에 죽으려고 하느냐"(전 7:16-17). 이 구절은 흡사 이제 막 사회생활을 시작하는 현실감 없는 자식의 미래를 염려하는 부모의 말처럼 들린다. 하지만 정의로운 일에 적극적으로 참여하지 말고 적당히 타협하며 살라는 다소 비겁한 말처럼 들리는 것도 사실이다.

도대체 왜 악인이 형통하는 것일까? 사실 이 질문은 먼저 우리 자신에게 물어야 한다. 우리는 왜 악인이 형통하는 사회를 용인하고 있는가? 우리는 왜 입으로는 정의롭고 선하게 살라고 하면서 막상 악인의 형통함을 보고서는 그를 부러워하는가? 왜 우리는 선으로 악에 맞서 싸우지 않는가?

이제 신학적인 질문을 던져보자. 왜 하나님은 악인의 형통을 내버려두시는가? 이 질문에 대해 고전적인 대답 두 가지가 가능하다. 첫째, 하나님은 악인의 형통을 그저 관망하지 않으신다. 하나님은 역사 속에서 악인을 반드시 심판하신다. 비록 악인들이 일시적으로는 흥왕한 듯 보이지만, 역사는 악인들을 심판하고 불의와 억압을 넘어 정의와 자유를 향해 나아간다. 물론 막연한 발전사관은 인본주의적 유토피아에 대한 낙관을 잉태하지만, 신앙은 하나님께서 약속하신 미래가 역사 안으로 돌입해옴을 부정하지 않는다. 인간으로부터 시작해서 한없이 성장해나가는 상향적 역사가 아니라, 하나님의 미래로부터 이 세상 안으로 돌입해 들어오는 하나님 나라의 역사가 악인을 심판하고 인류의 역사를 정화하며 승화시킨다.

둘째, 기독교는 죽은 자들의 부활을 신앙함으로써 역사 내의 심판이 성취하지 못한 것의 완전한 실현을 희망한다. 죽은 자들의 부활은 예수 그리스도의 부활 안에서 선취(先取)되었고, 의인들의 구원과 악인들의 심판이라는 우주적 사건에 대한 희망을 제공한다. 인류의 역사는 하나님의 역사를 온전히 구현하지 못한다. 하지만 하나님은 인류의 역사를 당신의 역사로 온전히 성취하신다. 이러한 종말론적 신앙은 역사초월적인 성격을 지니고 있지만 결코 역사를 등지는 탈속적인 성격과는 무관하다.

악인의 형통을 목도하는 그리스도인은 어떻게 살아야 하는가? 악인의 형통을 부러워해서도 안 되지만(잠 24:1, 19; 시 73편), 정의롭고 선한 길을 무가치하게 여기고 포기해서도 안 된다(시 1:1;

그날, 하나님은 어디 계셨는가

37:27). 오히려 악인의 형통함은 우리 시대와 하나님의 약속된 미래 사이의 불일치와 갈등으로 이해해야 한다. 곧 하나님 나라는 아직 완전히 성취되지 않았으며, 하나님의 뜻은 온전히 실현되지 못했다. 따라서 악인의 형통함 앞에서 우리는 여전히 이렇게 기도하고 실천해야 한다. "주의 나라가 오시옵소서. 뜻이 하늘에서와 같이 땅에서도 이루어지이다."

그럼 왜 하나님은 악인의 형통함을 내버려두시는가? 성서는 하나님이 악인을 심판하신다고 하면서도, 또한 악인에게도 자비를 베푸신다(마 5:45)고 말한다. 어쩌면 하나님은 무한한 긍휼을 통해 악인을 부끄럽게 함으로써 그를 심판하시며 또한 구원의 기회를 주시는 것이 아닐까? 하지만 악인의 진짜 악함은 그 부끄러움조차 느끼지 못함에 있을 것이다(습 3:5). 하나님은 악인의 형통함을 그저 내버려두지 않으신다. 악인에게도 무한한 긍휼과 자비를 베푸심으로 오히려 그를 부끄럽게 하신다.

하나님은 무슨 일이나 다 하실 수 있는가?

기독교 신앙은 하나님의 전능을 고백한다. 전능하신 하나님은 하늘과 땅을 창조하셨다. 전능하신 하나님은 병든 자를 치유하신다. 성서의 보도에 따르면 하나님은 못하실 일이 없다. 그렇다면 우리 시대에 하나님의 전능은 어떻게 이해되어야 할까?

Nothing is impossible. 불가능은 없다! 이는 텔레비전에 나오는 광고 문구다. 기독교 신학이 하나님의 전능을 말해왔다면, 우리 시대는 인간의 전능성을 주장한다. 우리 시대는 기술과 과학을 앞세워 불가능의 영역에 도전할 뿐 아니라, 불가능이라는 말 자체를 부끄럽게 여긴다. 전능한 과학이 환경문제를 비롯한 미래에 대한 모든 염려를 깨끗이 해결할 수 있다고 믿는 것이다. 의사도 마찬가지다. 어느 의사도 위중한 환자의 수술을 앞두고 "이것은 무모한 수술입니다. 불가능합니다"라고 말하지 않는다. 그 대신 최선을 다하겠다는 말을 남긴다. 우리 또한 예외가 아니다. 우리 사회는 피로사회라는 말이 나올 정도로 개개인이 자신의 능력에 대한 극도의 과장 속에서 스스로를 피곤하게 만드는 데 익숙하다. 내 사전에 불가능이란 없다고 말하면서 말이다.

하나님의 전능과 인간의 전능성은 어쩌면 서로 닮아 있는지도 모른다. 그리고 보면 요즘 아이들이 좋아하는 영화 캐릭터들—배트맨, 슈퍼맨, 스파이더맨, 아이언맨 등—은 신적 전능성과 인간의 전능성 사이의 심리적 교류가 상품화된 것이라고 봐야 할 것이다. 이 아이콘들 속에서 현대인은 자신의 현실적 무능함을 파괴하고, 쟁취하지 못한 신적 전능성을 만끽한다. 그뿐만이 아니다. 신앙의 현장에서도 전능성에 대한 인간의 애착은 열정적인 신앙이라는 이름으로 교묘하게 포장된다. 힘을 숭상하는 인간의 욕동(欲動)은 "믿는 자에게는 능치 못할 일이 없다"는 전능의 딱지가 달라붙어 상한가를 친다. 자신의 욕망을 하나님의 전능으로 포장할 때, 전능은 이제 '만능'으로 둔갑한다. 하나님의 전능은 도깨비방망이가 되어 뭐든지 다 할 수 있는 것으로 이해된다. 아니, 도깨비방망이를 손에 들고 소원을 비는 인간 자신을 위해 뭐든지 해야 되는, 반드시 해내야 하는 것처럼 생각된다. 하지만 기독교 신학이 말해왔던 하나님의 전능은 이런 의미의 만능이 아니다.

앞서 보았듯이 전능에 대한 기독교 신학의 고전적인 의미는 아우구스티누스에게로 거슬러 올라간다. "하나님은 그가 원하시는 것을 뭐든지 하실 수 있다." 전능에 대한 이 고전적인 정의는 토마스 아퀴나스를 비롯한 중세 신학자들에게서 보다 세밀하게 분석되고 논의된다. 하나님은 현실적으로 그리고 논리적으로 불가능한 것도 하실 수 있는가? 즉 하나님은 1+1의 답을 3으로 만드실 수 있는가? 하나님은 네모난 삼각형을 만드실 수 있는가? 또한 '돌의 역설'을 예로 들자면, 하나님은 자신이 들 수 없는 무거운 돌을 만드실 수 있는가? 만약 하나님이 그것을 만드실 수 없다면 무능한 것이요, 혹 만드실 수 있다 해도 들 수 없으니 무능하다고 해야 하지 않겠는가? 하나님이 뭐든지 할 수 있다면 하나님은 악을 행할 수도 있는가? 하나님은 거짓말도 할 수 있는가? 하나님은 병에 걸릴 수도 있는가? 이에 대해 하나님의 전능은 논리적으로 모순되지 않는 일에만 적용이 가능하다는 것이 아우구스티누스와 중세 신학자들의 결론이다.

하나님이 설사 뭐든지 다 하실 수 있다 하더라도, 실제로 무엇이든지 다 하시는 분은 아니라고 해야 하지 않을까? 하나님은 자신이 '원하시는 것'을 하시는 분이다. 이 말을 하나님은 자신의 본질에 부합하는 일을 하신다는 것으로 정리해보자. 그렇다면 하나님은 거짓말이나 악한 일을 하실 수 없다. 하나님은 사랑이시기 때문이다. 하나님은 자기가 하고 싶은 대로, 뭐든지 마음대로 하시는 분이 아니라 자신의 본성인 사랑에 부합하는 일만을 하신다. 즉 기독교 신앙이 고백하는 전능은 뭐든지 다 한다는 식의 만능도 아니고, 자기 맘대로 한다는 식의 자의도 아니다. 전능하신 하나님은 현실을 비현실로 만드시거나, 자신이 창조하신 세계의 합리적이고 이성적인 질서를 파괴함으로써 자신의 무지막지한 힘을 과시하려는 괴물이 아니다.

현대 신학자 칼 바르트는 사도신경을 고백할 때, 하나님의 전능은 하나님의 아버지 되심과 분리해서 생각하면 안 된다고 말했다. 사랑이신 하나님의 아버지 되심을 배제한 전능은 세속적인 독재자의 무자비한 힘에 불과하다. 나아가 오늘날 신학자들은 하나님의 전능의 본질을 예수 그리스도 안에서 인류의 고난에 동참하신 낮아지심과 비움의 사랑에서 찾는다. 즉 그리스도 예수의 아버지로서 하나님의 힘은 약함에서 온전해진다(고후 12:9). 그리스도 안에서 전능하신 하나님은 우리를 위해 약해질 수 있는 자기비움의 힘을 보이셨다(빌 2:7). 그리스도인이 자신의 능력이 아니라 자신의 약함을 자랑해야 할 이유가 바로 여기에 있다(고후 11:30; 12:10).

그날, 하나님은 어디 계셨는가

모든 일이 다 예정된 것이라고?

한국교회는 장로교의 위세가 대단하다. 장로교의 영향 때문인지 많은 교회들이 예정이란 말을 서슴없이 사용하곤 한다. 예정이란 용어가 신학적으로나 현실적으로 매우 민감한 것인데도 말이다. 하나님이 모든 일을 예정해놓으셨다면, 도대체 인간에게 자유란 있는 것일까? 도스토예프스키나 알베르 카뮈, 사르트르와 같은 이들은 하나같이 이렇게 외치지 않았던가. "모든 것을 규정하는 신이 존재한다면 인간에게 자유란 없다." 즉 신의 예정과 인간의 자유는 양립할 수 없다는 주장이다.

신학사에는 예지 혹은 예정이라는 단어가 등장한다. 이 두 단어는 엄밀하게 분석하면 서로 다른 뜻을 내포하고 있지만, 현실적으로는 바꿔 사용해도 무관하다. 왜냐하면 인간의 예측은 빗나갈 수 있지만, 하나님이 예지하신 일은 예정대로 일어날 수밖에 없기 때문이다. 예지는 곧 예정이다.

앞서 우리는 예지와 예정에 대한 중세 신학자들과 종교개혁자들 사이의 대립을 살펴봤다. 중세 스콜라신학이 하나님의 전능을 고수하면서도 인간의 자유를 옹호하려고 했다면, 종교개혁자 루터와 칼뱅은 전능을 앞세워 자유를 무력화시켰다.

인간의 자유의지보다는 하나님의 절대적인 은혜와 주권을 강조하고자 했던 종교개혁자들이 심혈을 기울였던 초점은 아무래도 구원론에 있었다. 하지만 이들의 의도와는 달리, 세상만사를 예정론 아래 기계론적으로 둘 때, 하나님은 더 이상 선한 분이 아니라 악한 존재로 생각될 수밖에 없다. 이 세상에서 이해할 수 없는 큰 악을 경험한다고 해도 그 악은 가장 좋은 세상을 구성하는 한 부분으로 이해되어야 하지 않겠는가? 또한 예정과 자유의지의 모순을 형이상학적으로 봉합해버린 라이프니츠의 '가능한 것 중의 최상의 세계이론'은 그가 죽고 난 후, 1755년 11월 1일 리스본에 진도 9의 대지진이 일어나 시민 3분의 1가량이 죽고 85%의 건물이 파괴되었을 때, 조롱을 당할 수밖에 없었다. 이처럼 예정을 앞세운 기계적인 낙관론은 고난의 엄연한 현실 앞에서 치명상을 입는다.

칼뱅이 예정론을 처음 강조했을 때, 그는 예정과 선택이라는 단어를 사용해서 당시 가톨릭교회에서 쫓겨난 신자들을 위로하고자 했다. 즉 가톨릭교회는 너희를 버렸지만 하나님은 너희를 선택하셨다는 위로와 용기를 북돋워주고자 함이었다. 하지만 이런 문맥을 도외시하고 세상 모든 일에 천편일률적으로 하나님의 예정이라는 딱지를 무책임하게 붙인다면, 귀중한 신앙고백은 또다시 비웃음을 당하게 될지도 모른다.

하나님의 뜻은 무엇인가?

신학은 수학처럼 상황과 상관없는 고정불변의 해답을 주지 않는다. 왜냐하면 하나님 자신이 역사 속에서 활동하시기 때문이다. 하나님의 예정과 예지는 하나님께서 역사 속에 활동하시는 분이심

그날, 하나님은 어디 계셨는가

을, 그분이 우리의 삶에 깊이 관여하시는 분이심을 말하고자 한다. 하지만 모든 것이 기계적으로 예정되어 있는 것이라면, 20세기의 지옥인 처참한 아우슈비츠의 역사도, 또한 부조리한 우리 삶의 역사도 단지 묵인하고 감내해야 한다는 말일까? 이렇게 참혹한 악의 역사가 예정된 것이라면, 과연 이런 하나님을 우리는 사랑의 하나님이라고 말할 수 있을까?

20세기에 이르러 신학은 세상만사가 결정론적으로 예정되었다고 말하지 않는다. 세상사를 결정론적인 인과율의 그물 안에 묶어두는 그런 신은 더 이상 사랑의 하나님이라고 말하기도 어려울 뿐 아니라, 인간을 자유롭게 하며 구원하시는 하나님이라고 말하기도 어려워졌다. 그뿐 아니라 결정론적으로 이해된 예정은 하나님과 인간 사이의 인격적인 관계조차 파괴해버린다. 하나님이 영원 전에 세상만사를 예정해두셨다면, 하나님은 지금 여기서 우리의 기도에 응답하여 역사할 필요가 없으며, 또한 우리가 기도할 필요도 없지 않은가? 영원 전에 세상사가 다 결정되어 있다면, 이제 하나님은 하실 일이 없지 않은가? 그분은 영원 전에 프로그래밍해놓은 세상사가 순서대로 진행되는 것을 그저 관망하기만 하면 되지 않겠는가?

하지만 우리는 하나님이 우주 저편에서 세상사를 관망하시는 분이 아니라, 창조세계 한복판에서 살아 역사하시는 분이심을 고백한다. 더욱이 오늘날의 신학은 하나님이 억압자가 아니라 억압당하는 자의 편이시며, 가해자가 아니라 희생자의 편이심을 고백한다. 다시 말하면, 우리가 믿는 하나님은 희생당한 어린양 예수 그리스도의 아버지 하나님이시다. 그분은 지금도 이 뒤틀린 오욕의 역사를 해방의 역사, 화해의 역사, 생명의 역사로 돌려놓으신다. 하나님께서 살아 역사하시지 않는다면, 도대체 고통과 절망의 역사 속에서 우리는 무엇을 희망할 수 있겠는가?

오래전부터 신학은 하나님께서 그분의 창조세계를 돌보시는 것을 표현하는 용어로 '섭리'라는 개념을 사용했다. 그리고 '섭리'를 하나님의 계속된 창조로 이해했다. 17세기 개신교 정통주의 교의학에 따르면, 창조는 태초의 창조, 계속되는 창조, 마지막 창조로 구분된다. 섭리는 계속되는 창조를 의미한다. 즉 하나님은 자신이 창조하신 피조세계를 사랑으로 보존하시며 이끄신다. 이러한 하나님의 창조사역에 우리는 동참한다. 신학은 이를 협동(concursus)이라고 표현했다. 하나님의 섭리는 그분의 최종적 창조인 새 하늘과 새 땅의 도래를 지향한다. 그런 의미에서 섭리는 "뜻이 하늘에서와 같이 땅에서도 이루어지이다"를 외치는 피조물의 기도와 실천을 가능케 하는 하나님의 창조행위라고 할 수 있다.

따라서 나는 앞서 결정론으로 기울어지기 쉬운 예정이나 예지하심이라는 개념보다는 피조세계에 대한 하나님의 돌보심과 인도하심을 뜻하는 섭리라는 개념을 사용할 것을 권했다. 이와 더불어 하나님의 '뜻'도 결정론적이거나 숙명론적으로 이해하기보다는 새로움의 사건을 일으키는 하나님의 창조적 의지와 연관시켜 이해해야 한다. 새 하늘과 새 땅의 상징은 생명의 충만과 해방을 뜻한다. 그렇다면 하나님의 뜻은 "생육하고 번성하여 땅에 충만하라"는 창조명령의 성취를 지향한다고 볼 수 있다. 하나님은 사랑 안에서 창조된 피조물들이 그분을 닮아 서로 사랑하며, 서로를 살리며, 충만한 생명 안에서 살기를 원하신다. 하지만 우리가 살아가는 피조세계는 이러한 하나님의 뜻을 거역하여 서로 사랑하기보다는 반목하고, 서로를 살리기보다는 지배하고 억압하며 반생명적인 지옥을 만들어가고 있다. 그렇지만 하나님의 뜻에 반하는 이러한 지옥 같은 현실 가운데서도 신앙은 결코 굴하지 않고 일어나 하나님의 뜻, 그분의 섭리, 그분의 새로운 창조와 구원을 붙잡고자 한다. 그렇다면 하나님의 뜻은 과거적 원인을 의미하지 않는다. 오히려 하나님의 뜻은 붙잡아야 할 미래이며 성취되어야 할 약속이다. 섭리하시는 하나님 때문에 우리는 뜻 없이 무릎 꿇거나 운명에 붙들려 살지 않는다. 도리어 생명과 창조의 역사를 향해 일어서 하나님의 뜻이 성취되기를 기도한다.

이 책은 내가 고난을 주제로 하여 쓴 두 번째 책이다. 2012년에 낸 책이 연구재단의 지원을 받아 쓴 전문 학술서적이었다면, 이번 책은 누구나 쉽게 읽을 수 있게 썼다. 지난 번 책의 분량이 4백 쪽에 달하는데다 내용도 가볍지 않아 독자들에게 적지 않은 부담을 준 것이 사실이다. 실제로 그 책을 구입한 사람들도 읽지 않고 책장에 꽂아만 두었을지 모른다. 물론 학문적인 차원에서 신정론의 역사를 인물별로 꼼꼼하게 살펴보고, 하나님의 전능에 대한 현대 신학자들의 다양한 견해를 추적해나간다는 점에서 신학에 관심을 가진 사람들에게는 나름 도움이 되었을 것이라고 믿는다. 사실 그 책을 내고 나서 일면식도 없던 몇몇 사람들로부터 긍정적인 피드백을 받기도 했다. 하지만 학술적인 자료를 많이 담고 있다 보니, 내 목소리가 그 속에 파묻혀버린 것은 아닌지 하는 아쉬움이 늘 있었다.

그래서 이번에는 분량도 대폭 줄였지만, 가급적이면 내 목소리를 분명하게 내려고 노력했다. 여기 나오는 내용들은 대부분 이전 책에서도 언급했던 것들이지만, 이 책에서 보다 뚜렷하게 드러내 자극을 주고 싶었다. 교회가 신학자로부터 자극을 받지 않으면 도대체 누구에게 자극을 받을 수 있겠는가? 이 책은 학자들의 이론을 중심으로 서술하기보다는, 주제별로 전통적인 견해들을 비판적으로 다루면서 새로운 대답을 모색하는 방식을 택했다. 물론 모든 주제를 다 포괄하지는 못했다. 다만 이 책에서 중점적으로 제기한 질문은 이유를 알 수 없는 고난에 직면해서 자기 자신에게 묻거나, 아니면 목회현장 또는 신학교육현장에서 누군가로부터 흔히 들었던 물음을 대상으로 했다.

무엇보다 세월호 참사와 관련해서 이 문제를 어떻게 다루어야 할지 더 깊이 고민했고, 세월호 참사 이후에 신학은 하나님에 대해 무엇을 말할 수 있는지, 그리고 신학한다는 것이 무엇인지를 고심하며 내 나름의 견해를 정직하고 담담하게 서술하고자 했다. 2014년에 학술지에 발표했던 논문도 한 편 실었다. 책의 대중성을 감안한다면 새로 써야 했겠지만 그래도 앞에서 서술한 글의 내용들을 따라왔다면 이 정도는 충분히 이해할 수 있으리라 생각하고 몇 군데만 손을 봐서 그대로 실었다. 또한 신의 전능이라는 주제가 고난과 관련해서 핵심적인 주제이기에 빼놓을 수 없었다. 아무튼 그 글이 독자들에게 신의 무능과 만능 사이에서 신학적 균형감

그날, 하나님은 어디 계셨는가

각을 얻는 데 영감을 줄 수 있으면 좋겠다.

이 책에서는 고통, 고난, 악을 개념적으로 날카롭게 구분하지는 않았다. 고통은 괴로움과 아픔을 포괄하는 주관적인 측면을, 고난은 그것보다는 어느 정도 객관적인 사태를 지시하는 개념으로 생각해볼 수 있다. 악은 이 둘에 비해 추상적이고 형이상학적인 배경을 연상시킨다. 하지만 이 책에서는 문맥에 맞게 고통과 고난, 악을 교차적으로 적절하게 사용했다.

내가 고난이란 주제에 언제부터 이토록 천착하게 되었는지는 본문에서 이미 밝혔다. 나는 신학교 시절 본회퍼와 몰트만의 책을 통해 세상을 보는 눈을 키웠다. 내가 살아가고 있는 이 땅과 내가 믿는 하나님 나라의 현실이 첨예하게 대립되어 있다는 사실에 괴로워하며 씨름할 때, 『나를 따르라』, 『옥중서신』, 『십자가에 달리신 하나님』, 『희망의 신학』과 그 외의 몇몇 단편들은 한편에서는 현실의 깊이를, 다른 한편에서는 현실을 살아갈 신학적 용기를 주었다. 그리고 무엇보다도 어머니의 갑작스러운 죽음 앞에서 나는 십자가에 못 박힌 예수와 가족을 위해 온 힘을 다 쏟고서 훌쩍 세상을 떠난 어머니를 신학적으로 동일시하게 되었고, 이와 더불어 부조리한 세상을 고발하던 알베르 카뮈의 글을 탐독할 수 있었다. 그러고 보면 이 세상에는 얼마나 많은 부조리한 고난들이 있었으며 또 지금도 일어나고 있는가! 이제 나는 다시금 예수의 고난과 세월호 참사를 신학적으로 동일시하고 있다. 예수의 고난과 세월호 참사는 분명히 다른 두 사건이지만, 하나님의 아들 예수의 고난과 죽음은 그 다름을 뛰어넘게 하는 인식론적 원천이 되며, 세월호 참사는 예수의 고난과 죽음을 더 깊이 이해하게 만드는 해석학적 경험이 된다. 이렇게 해서 해석학적 순환은 완성되고 확장된다.

그리스도인인 내게는 그 누구의 고난과 아픔도 예수의 저 처절한 고통, 배신, 홀로 버려짐과 결코 무관하지 않다. 십자가상의 예수의 버림받음이 홀로일 수 없듯이, 해석학적 순환 속에서 볼 때 홀로 고통당하는 사람은 없다. 사랑은 나누면 배가 되고, 아픔은 나누면 극복될 수 있다.

나는 이 책에서 고통의 원인이나 이유를 추적하거나 신정론에 관한 새로운 해답을 제시하려고 하지 않았다. 하나님이 모든 고난을 다 차단해주신다거나 고통을 깔끔하게 제거해주신다고 말하지도 않았다. 오히려 하나님과 사람에게 버림받고 십자가에 못 박힌, 하지만 사람과 그의 아버지 곁에 머물러 있었던 하나님의 아들 예수를 깊이 생각하고자 했다. 그리고 고통 중에 있는 사람들이 신앙 안에서 고통을 딛고 일어서길 바라는 마음을 표현하고자 했다. 오직 고통을 아시는 그분만이 우리를 고통과 죽음을 극복하게 하시고 부활의 길로 인도하실 수 있을 것이다.

그날, 하나님은 어디 계셨는가

416 세월호 참사 시민기록위원회 작가기록단.『금요일엔 돌아오렴』. 서울:
　　창비, 2015.
구띠에레스, 구스따보,『욥에 관하여: 하느님 이야기와 무죄한 이들의 고통』.
　　김수복, 성찬성 옮김. 왜관: 분도출판사, 1990.
김난도.『아프니까 청춘이다』. 서울: 샘앤파커스, 2010.
김영봉.『숨어 계신 하나님』. 서울: IVP, 2008.
김용성.『하나님 이성의 법정에 서다』. 서울: 한들, 2010.
도스토예프스키.『카라마조프네 형제들』. 김학수 옮김. 제1권. 서울: 삼성출
　　판사, 13판, 1986.
롱, 토마스, G.『고통과 씨름하다』. 장혜영 옮김. 서울: 새물결플러스, 2014.
맥그리거, 제디스,『사랑의 신학』. 김화영 옮김. 서울: 대한기독교서회, 2011.
몰트만, 위르겐.『과학과 지혜』. 김균진 옮김. 서울: 대한기독교서회, 2003.
＿＿＿＿.『삼위일체와 하나님의 나라』. 김균진 옮김. 서울: 대한기독교출판사,
　　1982.
＿＿＿＿.『십자가에 달리신 하나님』. 김균진 옮김. 서울: 한국신학연구소,

1990.

_____.『창조 안에 계신 하느님』. 서울: 한국신학연구소, 1987.

박영식.『고난과 하나님의 전능』. 서울: 동연, 2012.

_____. "하나님의 섭리와 인간의 자유." 「한국기독교신학논총」 65(2009), 159-177.

_____. "칸트의 신정론과 신학." 「한국기독교신학논총」 58(2008), 115-130.

박완서.『한 말씀만 하소서』. 서울: 솔출판사, 1994.

본회퍼, 디트리히.『저항과 복종―옥중서간』. 정지련, 손규태 옮김. 서울: 대한기독교서회, 2010.

볼테르.『캉디드 혹은 낙관주의』. 이봉지 옮김. 파주: 열린책들, 2009.

브레히트, 베르톨트.『살아남은 자의 슬픔』. 김광규 옮김. 서울: 한마당, 1993.

세월호의 아픔을 함께하는 이 땅의 신학자들 & NCCK 세월호참사대책위원회.『곁에 머물다』. 서울: 대한기독교서회, 2014.

아도르노, 테오도르.『부정변증법』. 홍승용 옮김. 서울: 한길사, 1999.

아우구스티누스.『신국론』. 성염 역주. 왜관: 분도출판사, 2004.

_____.『자유의지론』. 성염 역주. 왜관: 분도출판사, 1998.

_____.『참된 종교』. 성염 역주. 왜관: 분도출판사, 1989.

아퀴나스, 토마스.『신학요강』. 박승찬 옮김. 파주: 나남, 2008.

_____.『신학대전』. 정의채 옮김. 서울: 바오로딸, 1985ff.

에드워즈, 데니스.『신의 활동방식: 신학과 과학』. 오경환 옮김. 서울: 위즈앤비즈, 2012.

옥한흠.『고통에는 뜻이 있다』. 서울: 국제제자훈련원, 1988.

월터스토프, 니콜라스.『나는 사랑하는 사람을 잃었습니다』. 박혜경 옮김. 서울: 좋은씨앗, 2014.

윤철호. "악의 기원과 극복에 대한 신학적 고찰." 「한국조직신학논총」
30(2011), 279-304.

정희성. "상실의 관점에서 읽는 욥기-목회상담적 연구." 「한국기독교신학
논총」 70(2010), 337-359.

조석민 외. 『세월호와 역사의 고통에 신학이 답하다』. 대전: 대장간, 2014.

지원용 편집. 『루터 선집, 제6권 교회의 개혁자(II)』. 서울: 컨콜디아사, 1982.

채정호. 『이별한다는 것에 대하여』. 서울: 생각속의집, 2014.

최형묵. 『반전의 희망, 욥』. 서울: 동연, 2009.

칼빈, 존. 『기독교 강요』. 양낙흥 옮김(1536년 초판). 서울: 크리스챤다이제
스트, 1988.

_____. 『기독교 강요-상』. 김종흡, 신복윤, 이종성, 한철하 옮김. 서울: 생명
의말씀사, 1988.

퀴블러 로스, 엘리자베스 & 케슬러, 데이비드. 『인생 수업』. 류시화 옮김. 서
울: 이레, 2006.

하이데거, 마르틴. 『동일성과 차이』. 신상희 옮김. 서울: 민음사, 2000.

Assmann, J. *Der mosaische Unterscheidung oder der Preis des
Monotheismus*. München/Wien: Carl Hanser Verlag, 2003.

Augustinus, A. *Enchiridion*. Kap. 24: http://www.unifr.ch/bkv/
kapitel2258-23.htm.

Barth, K. *Kirchliche Dogmatik II/1*. Zürich: Theologischer Verlag,
7Aufl., 1987.

Bauke-Ruegg, J. *Die Allmacht Gottes. Systematisch-theologische
Erwägungen zwischen Metaphysik, Postmoderne und Poesis*.
Berlin/New York: Walter de Gruyter, 1998.

_____. "Gottes Gerechtigkeit? Hinweise zur Theodizeeproblematik."

Zeitschrift für Theologie und Kirche, 102(2005), 333-351.

Bultmann, R. "Die Frage der natürlichen Offenbarung"(1941). in Ders., *Glaube und Verstehen*. Gesammelte Aufsätze Bd. 2. Tübingen: UTB, 61993, 79-104.

Caputo, John. D. *The Weakness of God. A Theology of the Event*. Bloomington & Indianapolis: Indiana University Press, 2006.

Dietrich, W. & Link, C. *Die Dunklen Seiten Gottes*. Bd. 2: *Allmacht und Ohnmacht*. Neukirchen-Vluyn: Neukirchener, 2. Aufl., 2004.

Feldmeier, R. "Nicht Übermacht noch Impotenz. Zum biblischen Ursprung des Allmachtsbekenntnisses," in Ritter, W. H., Feldmeier, R., Schoberth, W. & Altner, G. *Der Allmächtige. Annärungen an ein umstrittenes Gottesprädikat*. Göttingen: Vandenhoeck & Ruprecht, 1997, 13-42.

Hahn, A. *Bibliothek der Symbole und Glaubensregeln der Alten Kirche*. hr. v. Hahn, G. Ludwig. Hildesheim: Georg Olms Verlagsbuchhandlung, 1962.

Heppe, H. *Die Dogmatik der evangelische, reformierten Kirche*. neu durchgesehen und herausgegeben von Bizer, E. Neukirchen: Neukirchener Verlag, 1958.

Jonas, H. "Der Gottesbegriff nach Auschwitz. Eine jüdische Stimme," in Ders., *Philosophische Untersuchungen und metaphysische Vermutungen*. Frankfurt: Insel, 1992, 190-208.

Jüngel, E. *Gott als Gehiemnis der Welt*. Tübingen: Mohr Siebeck, 7. Aufl., 2001.

Kant, I. "Über das Misslingen aller philosophischen Versuche in der

Theodicee," in *Akademische Ausgabe von Immanuel Kants Gesammelten Werken* Bd. VIII, Berlin 1900ff. 253-271.

Kenny, A. *The God of the Philosophers*. Oxford: Clarendon Press, 1979.

Küng, H. *Das Judentum*. München: Piper, [6]2007.

Kutschera, F. *Vernunft und Glaube*. Berlin/New York: de Gruyter, 1991.

Leibniz, G. W. *Die Theodicee*. übers. von A. Buchenau, in Philosophische Werke Bd. 4: Philosophische Bibliothek Bd. 71. Leipzig: Verlag von Felix Meiner, 1925.

Levinas, E. "Useless Suffering." trans., Michael B. Smith & Barbara Harshav, in *Entre nous: Thinking-of-the-Other*. New York: Columbia University Press, 1998, 91-101.

Mackie, J. L. "Evil and Omnipotence," ed., Rowe, W. L. *God and the Problem of Evil*. Oxford: Blackwell Publishers, 2001, 77-91.

Migliore, D. L. *The Power of God and the gods of Power*. Louisville: Westminster John Knox Press, 2008.

Mozley, J. K. *The Impassibility of God. A Survey of Christian Theology*. London: Cambridge University Press, 1926.

Nash, Ronald H. *The Concept of God*. Grand Rapids: Zondervan Publishing House, 1983.

Nietzsche, F. *Werke in drei Bänden. Band 2: Die Fröhliche Wissenschaft*. München: Hanser, 1954.

Pike, N. "Divine Omniscience and Voluntary Action." *Philosophical Review* 74(1965), 27-46.

Richter, H. E. *Der Gotteskomplex. Die Geburt und die Krise des*

Glaubens an die Allmacht des Menschen. Hamburg: Rowohlt, 1979.

Schmid, H. *Die Dogmatik der evangelisch-lutherischen Kirche*. Gütersloh: Verlag von C. Bertelsmann, [7]1893.

Schmidt-Leukel, Perry. *Grundkurs Fundamentaltheologie*. München: Don Bosco, 1999.

Tillich, P. *Systematische Theologie Bd. I*. Berlin/New York: Walter de Gruyter, [8]1987.

Von Loewenich, W. *Luthers theologia crucis*. Bielefeld: Luther-Verlag, [6]1982.

Weischedel, W. *Der Gott der Philosophen, Grundlegung einer Philosophischen Theologie im Zeitalter des Nihilismus, Bd. 1: Wesen, Aufstieg und Verfall der Philosophischen Theologie*. Darmstadt: WGB, 1971.

Wittgenstein, L. *Tractatus logico-philosopicus*. Frankfurt am Main: Suhrkamp, [11]1976.

그날, 하나님은 어디 계셨는가

세월호와 기독교 신앙의 과제

Copyright ⓒ 박영식 2015

1쇄발행_ 2015년 4월 16일
3쇄발행_ 2015년 4월 23일

지은이_ 박영식
펴낸이_ 김요한
펴낸곳_ 새물결플러스
편   집_ 노재현·박규준·왕희광·정인철·최경환·최율리·최정호·한바울
디자인_ 이혜린·서린나·송미현
마케팅_ 이승용
총   무_ 김명화

홈페이지 www.hwpbooks.com
이메일 hwpbooks@hwpbooks.com
출판등록 2008년 8월 21일 제2008-24호
주소 (우) 158-718 서울특별시 양천구 목동동로233-1(목동) 현대드림타워 1401호
전화 02) 2652-3161
팩스 02) 2652-3191

ISBN 979-11-86409-05-3 03230
책값은 뒤표지에 있습니다.

이 도서의 국립중앙도서관 출판시도서목록(CIP)은 서지정보유통지원시스템 홈페이지
(http://seoji.nl.go.kr)와 국가자료공동목록시스템(http://www.nl.go.kr/kolisnet)에서
이용하실 수 있습니다(CIP제어번호: CIP2015009445).